HSK 대비
중국어문장모음

HSK 대비
중국어문장모음

이종구 편저

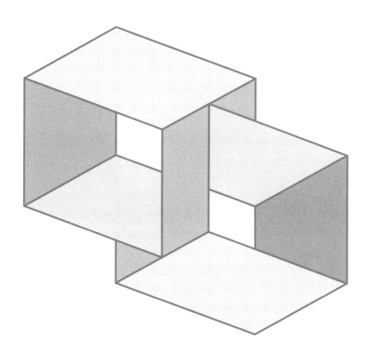

🅱 인터북스

머리말

이 책은 중국어문장의 열람에 목말라하는 학습자들을 위해 만들어졌다. 필자가 대학에 다니던 시절, 필자는 늘 그런 목마름이 있었다. 많은 중국어로 된 문장들을 접하고 싶은데, 시중에 나와 있는 중국어교재들은 한 권의 책 속에 10여 편의 문장이 들어있는 것이 고작이어서, 나의 목마름을 채워주기엔 터무니없이 부족한 것이었다.

이러한 헛헛함이 있었던지라, 대학에서 교편을 잡으면서부터는 내내 학생들에게 제공할 만한 재미있으면서도 유익한 문장들이 어디 없을까 눈여겨보곤 했다. 그러는 과정에서 자연스럽게 학생들의 실력을 끌어올릴 방법을 찾다 고안해 낸 것이, 스토리가 있는 중국어문장을 병음으로 제시하고 그것을 중국어문장으로 바꾸게 함으로써 자연스럽게 중국어문장구조에 익숙해지도록 하는 조치였다. 이 방법은 특히 중국어공부에 대한 열정이 많은 학생들로부터 긍정적인 반응을 받았는데, 그 효과를 높이려면, 적어도 앉은자리에서 해당 본문을 볼 수 없어야 한다고 여겨졌다. 그러다 보니 학습자의 입장에서는 내가 작성한 문장이 과연 정답인지 어떤지를 확인할 수 없는 안타까움이 없지 않았다. 그러한 단점을 보완하고자 구상 및 출판이 계획되어진 것이 이 책이었다. 즉 이 책은 『흥미로운 중국어 글쓰기』와 자매편인 셈이다.

이 책이 비록 『흥미로운 중국어 글쓰기』의 자매편이긴 하지만, 이왕 기획한 것이니만치 되도록 많은 수의 문장을 제공함이 좋겠다 여겨져 기존의 98편의 문장에 52편의 문장을 더 추가하여 모두 150편의 문장을 수록하게 되었다. 이 문장들 속에는 중국의 CCTV에서 교양프로그램으로 쓰였던 문장이라던가, 오랜 기간 동안 베스트셀러이자 스테디셀러였던 책의 내용도 선보이는 등 다양한 내용 들을 가져와 구성했다. 여기 나와 있는 문장들을 끝까지 읽노라면, 흥미도 있거니와, 독해력 향상에도 도움을 줄 것이라 믿어지므로, HSK6급을 목표로 하는 학생들에게는 더없이 훌륭한 자료가 될 것임을 믿어 의심치 않는다. 모쪼록 이 책이 대학시절 때의 나처럼 많은 문장을 접하길 갈망하는 사람들의 욕구를 충족시켜, 출판되어진 제 몫을 다 해주길 기대하는 바다.

　　그동안 이 책이 나오도록 편집일을 맡아서 수고해주신 명지현 선생님께 깊은 감사를 드리는 바입니다.

2020년 11월의 어느 바쁜 날에

01 什么叫'吹牛皮'? 13

02 ''商人''的由来 14

03 为什么把公主的丈夫叫做驸马? 15

04 天堂和地狱 16

05 旧金山指哪儿? 17

06 鲁迅为何弃医从文 18

07 牛仔裤的由来 19

08 '上当'的由来 20

09 领带的由来 21

10 火柴的由来 22

11 月饼的由来 23

12 '拜年'的由来 24

13 避孕环的由来 25

14 结婚戒指的由来 26

15 '薪水'名称由何而来 27

16 女人较喜欢'吃醋' 28

17 镜子的由来 29

18 烧纸钱的由来 30

19 照亮周围的盲人的灯笼 31

20 宽惠与报答 32

21 优异能否发挥到底? 34

22 年轻的价值 35

23 阿拉伯数字的由来 ·············· 36

24 米老鼠的由来 ················ 37

25 幸福的条件 ················· 38

26 所有的生命都有意义 ············ 39

27 "女儿红"的由来 ·············· 41

28 萤火虫为什么会发光? ··········· 42

29 "她"字的由来 ··············· 43

30 "V"手势的由来 ·············· 44

31 牛认得出你来 ··············· 45

32 什么叫'老板' ··············· 46

33 英文'China'的由来 ············ 47

34 '箸'为何改名为'筷子' ········· 48

35 报恩的老鼠 ················· 49

36 心中有什么,言中就有什么 ········ 51

37 教育没有固定的正答 ············ 53

38 讲义气的关羽 ··············· 54

39 由孝心产生出来的关怀 ··········· 55

40 伤害和恩典该有不同的铭刻方式 ······ 56

41 最重要的是什么? ············· 58

42 道听途说不值得可靠 ············ 60

43 能看透人才的眼光 ············· 62

44 人体解剖学何时开始? ··········· 64

45 红"囍"字的由来 ·························· 66

46 '中国'的由来 ·························· 68

47 使人一夜成名的一道题 ·················· 70

48 大公无私 ···························· 72

49 反转的外助 ·························· 74

50 抹不掉的伤口 ························ 76

51 眼镜的由来 ·························· 78

52 自负力气大也没用 ···················· 80

53 大写数字何时产生? ·················· 82

54 曾经有过妇女缠足的恶习 ·············· 84

55 吸烟的由来 ·························· 86

56 做贼心虚 ···························· 88

57 随机应变的效果 ···················· 90

58 清正廉洁的晏婴 ···················· 92

59 问其两端来统观全局 ················ 94

60 孩子也有成为大人的老师的时候 ······ 96

61 安顿胜于成功 ······················ 98

62 三国人物多单字名的由来 ············ 100

63 阿凡提为何人? ···················· 102

64 情人节的由来 ······················ 104

65 下金蛋的母鸡 ······················ 106

66 压岁钱的由来 ······················ 108

67 上厕所的雅称有哪些? ···································· 110

68 可口可乐的由来 ······································ 112

69 名不符实 ·· 114

70 自取其辱的狐狸 ······································ 116

71 孩子可以成为成人的老师 ······························ 118

72 '感冒'一词的由来 ···································· 120

73 司马迁的尽孝方式 ···································· 122

74 白居易和四块石头 ···································· 124

75 经验和悟性的结合 ···································· 126

76 盲人识日 ·· 128

77 买椟还珠 ·· 130

78 智慧和聪明之间的区别 ································ 132

79 曾子杀猪 ·· 134

80 荆人畏鬼 ·· 136

81 '乱七八糟'的由来 ···································· 138

82 推翻权威理论的实验精神 ······························ 140

83 完璧归赵 ·· 142

84 千锤百炼带来的境界 ·································· 144

85 惊弓之鸟 ·· 146

86 防患于未然 ·· 148

87 小人得志的曹商 ······································ 150

88 爸爸暗中施与的爱 ···································· 152

89 非其父不生其子 ……………………………… 154

90 乐于骗人的牧童 ……………………………… 156

91 知识与经验之间 ……………………………… 158

92 我自己的价值何在? ………………………… 160

93 单箭易折 ……………………………………… 162

94 什么叫大材小用? …………………………… 164

95 高手的境界 …………………………………… 166

96 常羊学箭 ……………………………………… 169

97 美女的漂亮来自于自信心 …………………… 172

98 曾参为母痛心 ………………………………… 175

99 国王和术士 …………………………………… 178

100 庄子的人生观 ………………………………… 179

101 让皇帝捧腹大笑的一个字 …………………… 180

102 左撇子的侥幸 ………………………………… 181

103 有缘千里来相会 ……………………………… 183

104 火急的鲫鱼 …………………………………… 185

105 好心的县官不得死 …………………………… 187

106 马下了牛? …………………………………… 189

107 太有眼里见儿的杨修 ………………………… 191

108 这是为你准备的 ……………………………… 193

109 原来如此 ……………………………………… 195

110 能医治贫穷的医生 …………………………… 197

111 善良的曹冲救库吏 ················ 199

112 找错了对象 ················ 201

113 能使人孝敬的钱财 ················ 203

114 以烧信打动众人的心 ················ 205

115 受人欢迎的骗术 ················ 207

116 百里溪夫妻重逢 ················ 209

117 千里送鹅毛 ················ 211

118 捉迷藏 ················ 213

119 淮南为橘,淮北为枳 ················ 215

120 孔融仗义勇为 ················ 217

121 画龙点睛 ················ 219

122 快乐的秘诀 ················ 220

123 包拯的机智故事 ················ 221

124 狐假虎威 ················ 222

125 音乐天才莫扎特 ················ 223

126 阿基里斯腱 ················ 224

127 名落孙山 ················ 225

128 大器晚成 ················ 226

129 东窗事发 ················ 228

130 刎颈之交 ················ 230

131 难能可贵 ················ 232

132 后生可畏 ················ 234

133 著名的男高音的歌唱秘诀 ················ 235

134 不修边幅才成为专家 ················ 237

135 一举两得 ················ 239

136 自以为聪明的驴 ················ 240

137 酒杯里的蛇影 ················ 242

138 忽悠闲忽急促的塞壬 ················ 244

139 兔子为什么输给乌龟 ················ 246

140 请让我过去 ················ 248

141 以己及人的邹忌 ················ 250

142 屠夫的见识 ················ 252

143 小时了了 ················ 254

144 '福'字倒贴习俗与马皇后 ················ 256

145 桔化为枳 ················ 258

146 月下老人 ················ 260

147 替父报仇的干赤 ················ 262

148 美洲印第安人究竟来源于何处? ················ 264

149 百家争鸣 ················ 267

150 中国人与酱缸 ················ 272

01 什么叫'吹牛皮'?

人们常用"牛皮不是吹的，泰山不是垒的"这句话来讥讽那些说大话的人。为什么把说大话叫做"吹牛皮"呢？

古时候，黄河上游水急滩险，用竹木制成的筏子横渡很不安全，于是就发明了用牛皮缝制的皮筏子当作渡河的工具。

但牛皮筏子需要充气，那时又没有打气筒之类的充气工具，下水时全靠人用嘴吹，没有足够的气力是吹不起来的。因此，给牛皮筏子吹气就成为衡量一个人能力大小的标志。谁要说自己有本事或好说大话的人，人们就会对他说："你有真本事去黄河边把牛皮吹起来!"久而久之，"吹牛皮"就成了说大话的代名词。

筏子 뗏목　打气筒 공기 펌프　衡量 가늠하다　吹牛=说大话 허풍 떨다

02 "商人"的由来

　　人们把"生意人"、"买卖人"、"交易人"及摊贩统称为"商人"。这个"商"与中国历史上的商朝之"商"有直接的关系，"商人"这个词就是由"商朝之人"演变来的。

　　"商"是中国奴隶社会的一个朝代。商朝的统治被周王朝推翻后，商朝臣民的地位十分低下，他们既没有政治权利，又丧失了土地。他们从都城迁往外地，只好以贩卖活动来维持生计。日子一长，这种活动便形成了一个固定的职业。由于从事这个职业的人大都系商朝遗民，所以周人称他们为"商人"。

　　并将他们所做的交易买卖，称之为"商业"，将为了出售而生产的物品称为"商品"等等。这些称呼一直沿袭至今。

摊贩 노점상　系 연결되어 있다, 속한다

14

03 为什么把公主的丈夫叫做驸马?

　　人们都知道"驸马"是指皇帝的女婿，其实驸马在此意产生以前，是古代一种官职简称，全称是驸马都尉，为汉时皇帝的高级侍从官，其职责是保卫皇帝的安全。

　　当时皇帝出巡，为防刺客，常在他乘坐的正车以外，另设副车若干辆，其外观装饰与正车完全一样，结成车队而行，负责掌管副车的官就叫驸马都尉。驸马都尉是个肥缺，年薪俸二千石，历来多为皇亲国戚，公侯王孙担任。

　　到了晋朝，晋武帝司马炎怕这样重要的职位由别人担任不可靠，规定只有公主的丈夫才能授给这个职位。性情豪侈、挥金如土的王济也因娶了晋武帝之女常山公主，封为驸马都尉，简称驸马。至此，驸马正式成了皇帝女婿的代称。

肥缺 고소득 관직　皇亲国戚 황제의 친척

04 天堂和地狱

禅宗有一个故事。有一位老僧在打坐的时候，进来了一个武士。这个武士长途跋涉而来，想要知道天堂和地狱到底在哪里。

他一进来就喊道："老和尚，你告诉我，天堂和地狱到底在哪儿？你睁开眼，赶紧回答我！"

老僧睁开眼睛看了看他，说："你这样一个人，衣衫不整，如此傲慢，如此粗鲁，还配来问这样的问题？"

武士急了，拿出自己的武器，上来要打老僧，手刚刚举起来，老僧告诉他说："明白吗？这就是地狱。"

这个时候，武士突然明白了。他的手停在半空中，看着这个老僧，脸上露出惭愧之色。

这时候，老僧又静静地告诉他说："现在就是天堂了。"

天堂和地狱，就在一念间。

跋涉 산 넘고 물 건너 힘들게　粗鲁 행동이나 말이 거칠다
一念 아주 짧은 시간

05 旧金山指哪儿?

　　旧金山是美国西部太平洋沿岸的最大城市，本名圣弗兰西斯科。

　　旧金山，华侨称之为"金山"即淘金的地方。18世纪时，人们在这里开发出价值4亿多美元的黄金，于是博得了"金山"的美名。但金子挖空之后，淘金者逐渐转移，因而人们称这地方为"旧金山"。

　　19世纪中期，有个叫哈格雷夫斯的人，在澳洲悉尼也发现了金矿。1869年，人们在墨尔本附近发现一重70公斤的特大金块。

　　为区别于美国的旧金山，墨尔本被称为新金山。新金山只是与旧金山相对的别称而已，地名仍叫墨尔本，而旧金山成为固定的地名。这大概是因为住在美国的华侨多于澳洲的华侨的缘故吧。

　　旧金山山环水抱，风光旖旎，景色秀丽，是世界著名的旅游胜地。

 旖旎 온화하고 아름답다

06 鲁迅为何弃医从文

　　起初，鲁迅想通过医学强健中国人的体魄，挽救民族危亡，但他的这种梦想没有维持多久就被严酷的现实粉碎了。

　　有一次，在一场电影中，鲁迅看到众多"体格强壮，神情麻木"的中国人，在淡然地围观被当作俄国侦探处死的同胞。鲁迅受到极大的打击，这使他认识到，精神上的麻木比身体上的虚弱更加可怕。

　　于是他弃医从文，离开仙台医学专科学校，回到东京，翻译外国文学作品，筹办文学杂志，从事文学活动。

　　当时，他与朋友们讨论最多的是关于中国国民性的问题：怎样才是理想的人性？中国国民性中最缺乏的是什么？它的病根何在？通过这种思考，鲁迅把个人的人生体验同整个中华民族的命运联系起来，奠定了他后来作为一个文学家思想家的基础。

体魄 심신, 신체와 정신　挽救 되살리다　奠定 다지다, 안정시키다

07 牛仔裤的由来

19世纪50年代，美国西部出现了淘金热。一位名叫勒维·斯特劳斯的德国青年人来到淘金者的必经之地—旧金山，并在那里落脚开设了一家经营帐篷的小店。

小店开张后，几乎无人问津。他决定把库存的帐篷布全部做成裤子出售，果然没过多久，便销售一空。后来他又开设了一家服装厂，对这种裤子进行了改进，在裤子的腰部和臀部的口袋上装了几个铜钉铁扣，使裤子新颖独特，别具一格。由于这种多口袋的裤子用料厚实，耐穿，更适合西部牧区牧童穿用，这样便形成了一种特殊款式的牧童工作服。这种裤子经香港最先传入中国广东，而广东人称牧童为"牛仔"，所以他们就把这种裤子叫做"牛仔裤"。

由于牛仔的形象经常在美国西部电影上出现，牛仔裤便成为美国青年人追求的时尚，并很快风行世界各地。

淘金热 골드러시　落脚 이주하다　别具一格 독특한 특색을 가지다
时尚 유행

08 '上当'的由来

　　人们把受骗叫做"上当"。其实，"上当"的本义就是去当铺典当东西。

　　相传晚清时期，清河有家姓王的开了一家当铺店，世代经营，生意倒也红火。几代以后，王氏族人开始懒于经营，把资金存到当铺里作了入股的股东。一个叫寿萱的年轻人主持了当铺业务。寿萱是个读书的文人，并不懂得生意经，处理典当业务非常随便。

　　王氏族人认为有机可乘，都从家中拿出一些闲置或无用的物件，到自家当铺里典当，并自定高价。当铺伙计见是本族股东，不敢得罪，只好如数付钱，寿萱也不阻拦。这样没过几个月，当铺原本所剩无几，这家资金充盈的当铺就这样破产倒闭了。

　　后来，人们就把受骗、吃亏叫做"上当"了。

典当 저당 잡히다　**红火** 번창하다, 번성하다　**股东** 주주　**有机可乘** 좋은 기회이다

20

09 领带的由来

　　着西装时，领带起着画龙点睛的作用。它有一个演化过程。古代居住在深山老林里的日耳曼人以狩猎为主，他们披着兽皮取暖御寒，为了不使兽皮脱落，就用草绳把它扎在脖子上。据说，这就是领带的雏形。

　　真正有点"领带"意味的，最早出现于17世纪中叶的欧洲。1660年，法国雇用的一支克罗地亚骑兵队凯旋走到巴黎闹市街头，骑士们个个穿着整齐笔挺的制服，脖颈上系着一条白色布条，这引起了崇尚时髦的巴黎人的极大兴趣，随即争相模仿，以示荣耀。

　　后来，一位大臣上朝时，脖颈上系着一条白色绸巾，还打着一个漂亮的领结。国王路易十四大为赞赏，并宣布以领结为高贵的标志，下令上流人物都如此打扮。现代的活领结就是经过不断演变到1850年前后才定型的。

雏形 형체가 완전해지기 전의 형태, 전신　时髦 현대적인 것, 유행
领结 나비넥타이

10 火柴的由来

　　19世纪初，一位名叫华尔克的英国人把硫黄和磷的混合物涂在木棍上，制造出一种经摩擦便能发火的火柴。后来瑞典人伦斯特罗又作了进一步的改进，采用无毒的赤磷作火柴头，就是现在通行的安全火柴。

　　火柴称为"洋火"据说是清道光皇帝"首创"。1839年，英国一位商人带了几盒火柴作为礼物进贡给中国清朝道光皇帝。道光皇帝见这位英国商人不弯腰不跪拜，全无礼数，即面现怒色。

　　陪同大臣连忙跪奏："夷邦之人，不知上国礼仪，皇上息怒，请观洋人取火。"只见英国商人在盒中取出一根小木梗，将涂着红色的一头，在粗糙的小铁板上，轻轻一划，随即发出"哒哒"声音，就燃起火来。道光皇帝及众大臣从未见过这样玩意儿，还认为是变戏法。道光皇帝说道："洋人所发明洋火取用方便。"

　　鸦片战争后，外国洋行开始在中国出售火柴，因此，人们把它称为"洋火"。五四运动后，才改称"自来火"或"火柴"。

礼数 예의　粗糙 조잡하다, 거칠다

11 月饼的由来

　　中秋节吃月饼的习俗，起源于唐代。唐高祖时期，大将李靖征讨北方突厥得胜还朝，这天正是八月十五日，时有到长安通商的吐蕃人向唐皇献饼祝捷。高祖李渊接过华丽的饼盒，拿出圆饼笑指着悬挂在天空的明月说："应将胡饼邀蟾蜍(即月亮)。"随即将圆饼赐给文武百官，一同享用。后来，到了开元年间，有一年中秋之夜，唐玄宗和杨贵妃赏月吃胡饼时，唐玄宗嫌"胡饼"名字不雅，杨贵妃仰望空中皎洁的明月，脱口而出"月饼"二字。从此，"月饼"的名称便在民间流传开来。

　　可见，在唐代以前，月饼的前身就是"胡饼"。史料记载：汉使张骞出使西域后，引入胡桃、芝麻等，为饼食加工增加了佐料，制作出了以胡桃仁为馅的圆饼，人们称之为"胡饼"。到了宋代，月饼成为中秋节祭拜月亮最主要的食品。由于月饼象征团圆，人们又将月饼称为"团圆饼"。北宋诗人苏东坡曾作过一首诗："小饼如嚼月，中有酥和饴。"道出了月饼不同于普通饼的特色和含义。

祝捷 승리를 경축하다　蟾蜍 chánchú 두꺼비(문학작품 속에서 달을 비유)
佐料 양념, 부재료

23

12 ‘拜年’的由来

　　大年初一，人们都早早起来，穿上崭新的衣裳，打扮得整整齐齐，走家串户，互致节日问候，问一声“过年好”，谓之拜年。传统有拜年和贺年之分，拜年是晚辈向长辈叩岁；贺年是同辈之间的道贺。这在中国已是个由来已久的习俗。那么，拜年习俗是怎么来的呢？

　　传说远古时候有一种怪兽，它头上长有触角，口似血盆，人们叫它“年”。每逢腊月三十晚上，它便窜出山林，挨门挨户地残食人畜。人们只好备些肉食放在门外，然后把大门关上，躲在家里。直到初一早上，人们开门见了面，互相拱手作揖，庆幸未被“年”吃掉，于是拜年之风绵绵相传。

　　而对于‘年’，人们在长期的实践中，摸准了“年”有怕红颜色、怕响声、怕炎光的弱点。于是，有一年腊月三十晚上，大伙儿燃起篝火，投入一根根竹子，烧裂时发出“劈劈啪啪”的响声，那‘年’吓得不敢进村，据说饿死在深山老林里了。虽然‘年’已经没有了，但是这些过年的习俗却一代代传了下来。

叩岁 머리를 땅에 대고 절하다　**挨门挨户** 이집저집 방문하다
拱手作揖 양손을 포개어 가슴까지 올리고 인사하다　**篝火** 모닥불
劈劈啪啪(폭죽이나 박수소리 의성어)

13 避孕环的由来

　　现在全世界最为通行的避孕器具是保险套，这是套在男性器而使用的。那没有女人主动避孕的方法吗？有，那就是避孕环。避孕环又叫节育环，是目前各国普遍采用的女性宫内避孕器具。

　　最早的避孕环是阿拉伯人发明的，不过不是用在人体上，而是用在骆驼上。那时大沙漠中唯一的交通工具就是骆驼，阿拉伯商人们靠骆驼驮着沉重的货物长途跋涉。为了防止母骆驼在途中怀孕而耽误运输，他们就想出一个巧妙的办法，借助一种狭长的管子，把一块小的圆形石块，放进母骆驼的子宫腔内，从而达到使母骆驼避孕的目的。

　　1909年，德国医生雷卡特用蚕肠丝制成了一种环形节育器，经在可孕妇女身上试用，取得了满意的避孕效果，这就是现代避孕环的雏形。1934年，有个日本医生设计了金质和银质镀金的避孕环。20世纪70年代时，有活性的铜质避孕环问世。

　　保险套 콘돔　驮 등에 메다(싣다)

14 结婚戒指的由来

　　结婚戒指本来象征永恒的爱情，而在欧洲掠夺婚姻的时代，却是一种掠夺的象征。那时，男子把抓来的女子套上戒指作为标志，表明这女人已成为他的私有财产。

　　结婚戒指起源于古埃及。当时结婚戒指和订婚戒指同属契约戒指，戴在新娘的无名指上表示对丈夫忠诚顺从。在古埃及，曾一度出现戒指热。在古罗马时代，结婚戒指普遍流行起来，贵族结婚使用金制的，平民则使用铁制的。到了11世纪，已盛行新郎给新娘戴戒指的习俗。那时结婚戒指已变为把两只戒指连在一起的双联戒指，表示成双成对，并在戒指内侧刻上双方的名字和结婚日期，以示纪念。

　　现在，结婚戒指的质料和形状没有一定的规定，新娘戒指一般多用钻石，象征纯洁无瑕。其他如翡翠、红宝石、蓝宝石、珍珠等都可用于结婚戒指。新郎戒指多用黄金。

15 '薪水'名称由何而来

薪水即公职人员从事工作或劳动的报酬，我们一般称为工资。

但薪水原先的意思是打柴汲水。据《南史经》记载：陶潜送给他儿子一个人力，并写信说："你每天生活开支费用，自己难于供给自己，现在派一个劳力来帮你打柴汲水。"那么后来为何把工资叫做薪水呢？

汉代以前，政府给公职人员从事工作或劳动的报酬，不是发钱币，而是实物，主要是粮食，称作"禄"。到汉代，"禄"改为"俸"，仍发粮食，以"石"或"斛"为计量单位。到东汉殇帝延平年间，才改为"半谷半钱"，"月俸"改为"月钱"。唐代以后俸禄才逐渐改为全部发放钱币。但在唐初，官员的俸禄还是主要以实物支付，另外再发一部分"俸料钱"。

到明代中叶，商品经济有了一定的发展，官俸改为"薪金"，当时称"月费"，后又改称"柴薪银"，意思是解决官员的柴米油盐费用的开支，"薪水"即由此转变而来。

16 女人较喜欢'吃醋'

在爱情生活中，经常会听到"吃醋"的说法，考证"吃醋"的由来，有一段有趣的故事。

唐朝开国元勋房玄龄为建立唐王朝立下汗马功劳，唐太宗封他为梁公，并想赐给他几名美女做妾。房玄龄的夫人妒心极盛，平时根本不许房玄龄拈花惹草，家中从无侍妾。

对于皇上的美意，房玄龄就婉言谢绝了，唐太宗问清缘由后，就命太监到房府宣布皇帝赐妾的圣旨，并带去一壶"毒酒"，声称如果房夫人不同意即饮毒酒赐死。房夫人听罢毫无惧色，端过毒酒一饮而尽。

房玄龄大惊失色，急得老泪纵横，抱着夫人抽泣起来。众人笑了起来，原来房夫人并没有死，壶中装的不是毒酒而是浓醋。唐太宗见房夫人这样的脾气，只好收回成命。

一壶浓醋把房夫人酸得伸头抖肘，房玄龄也破涕为笑，"吃醋"这个词就是从这个故事中来的，从此，"吃醋"就成了女人间妒忌心的代名词。

吃醋 질투하다　汗马功劳 전쟁에서 세운 공로
拈花惹草 화류계에서 놀다, 기생집을 드나들다　房府 방씨 저택
抽泣 숨을 헐떡거리며 흐느끼다　抖肘 팔꿈치를 떨다

17 镜子的由来

镜子最早出现于新石器时代。那时镜子叫做"监",古时"监"字的意思是一个人睁着一只眼睛对着一盆水照自己的面影。

到了商代,人们用铜锡合金制成"监",亦称为"鉴"。汉唐时,镜子用铜、锡、铝合金铸成,形状有八棱、八弧、圆形、方形等,还出现了有柄的镜子。青铜镜开始由实用品向工艺品升华。

玻璃制镜是16世纪威尼斯人发明的,将锡和水银的混合溶液涂在玻璃上形成一层薄膜,制成水银镜,水银镜比青铜镜先进了一大步。欧洲的贵族阶层视水银镜为一种时髦用品,竞相到威尼斯购买。但制造水银镜费工费时,况且水银有毒,于是,人们对它进行了改进。19世纪末,德国科学家发明了用金属银作镀层,比水银镜更为明亮,这就是现在我们所使用的镜子。

📖 **竞相** 서로 앞을 다투다

18 烧纸钱的由来

　　中国民间有给亡人烧纸钱的习俗，这一习俗的由来，据说与纸张的发明人蔡伦的哥哥有关。

　　传说蔡伦发明了造纸，纸张很受人们欢迎。蔡伦的嫂子慧娘看到造纸很赚钱，就让丈夫蔡莫找弟弟学造纸技术。蔡莫学习了三个月，就办起了造纸作坊。可是他造的纸太粗糙，卖不出去。慧娘心生一计，上吊装死，让其夫在棺材前烧他造的纸。蔡莫边哭边烧，哭得死去活来的，吸引众人前来观看。这时慧娘在棺材里喊叫："把门开开，让我回来。"人们一听可吓坏了，壮着胆子把棺材打开，慧娘坐起来装腔作势地说："阳世钱能行四海，阴间纸在做买卖，不是丈夫把纸烧，谁肯让我再回来。"在场的人们一听，认为烧纸还有这么大的好处，都向蔡莫买纸烧。不到两天，堆积的粗草纸被抢购一空。

　　善良的人们哪里晓得，这是慧娘为了卖出积压的糙纸而设下的一种骗局。也就这样，给死人烧纸钱的风俗从此就传了下来。

心生一计 꾀를 내다　上吊 (높은 곳에)목을 매다　骗局 속임수

19 照亮周围的盲人的灯笼

有一个故事，说一个村子里面有一个盲人，只要是夜晚出来，他走到哪儿别人都知道，因为他有个习惯，夜晚出门一定要打一盏灯笼。村子里的人都习惯于在黑暗中行走，看见有灯笼就知道这个盲人出来了。

后来，有外地来的人看到这件事，就唏嘘感慨，这个盲人的品德太好了，他自己没有光明黑暗之分，但深更半夜出来，他总要操心别人看得见看不见，总要为别人打一盏灯笼，这个人多高尚啊。

这个盲人听后就淡淡地说："因为我是瞎子，我不希望别人撞到我，我打灯笼也是为我自己。"我们想一想，这不就是一个人行走于这个世界的道理吗？打一盏灯笼，客观上是给别人照亮了路，其实主观上也给自己规避了很多风险。

我们谁敢说，在这个世界上，在这个布满了苍茫景象的世界上，我们都是明眼人呢？我们都能洞悉一切事项，规避一切风险吗？有时候为了让别人方便，打着灯笼，别人看见路了，躲开了你，你自己的风险也就没有了。

规避 계획적으로 피하다　苍茫景象 엄청난 현상들　洞悉 통찰하다

20 宽惠与报答

大家知道，春秋时期楚庄王在位时，楚国国力鼎盛。有一次，楚国王宫中欢歌艳舞的时候，突然间一阵风吹过，火烛全熄。

一片黑暗之中，楚庄王听见一个美人尖叫了一下。

他问怎么了。这个美人说："大臣里面有人调戏我，不过不要紧，我已经把他的帽带子给揪断了，大王只要点上火烛，看谁的帽带子断了，就知道是谁了。"

楚庄王没着急点火烛，他让在场的臣子都把帽带子扯断，之后才点上火烛。这样，没有人受到惩罚。

接下来，晋楚两国打起仗来了，在楚国命运面临威胁的时候，有一名臣子拼死战斗，非常英勇，最后使楚国大胜。

楚庄王很奇怪，问这名臣子："我平日里没有给你特别的恩典，你怎么如此出死力呢？"

他回答说："我就是那天晚上被美人扯断帽带子的人，当日醉酒失礼，其罪当死，得到大王的宽恕，所以我愿肝脑涂地以报答大王。"

什么叫宽惠之心呢？有时候，你从大局出发，不计较属下的小过，你就会得到更多的拥护。

有这样一种心态，你就能够得到一个团队真正的尊重。
"惠则足以使人"，有恩惠之心，你就能够带得起这个团队来。

尖叫 비명을 지르다　调戏 희롱하다
肝脑涂地 간과 뇌가 흙에 묻어 죽임을 당하다　带得起 거느릴만하다

21 优异能否发挥到底?

尺有所短,寸有所长。由于应用的地方不同,一尺也有显得短的时候,一寸也有显得长的时候。那么,如果将尺和寸应用在合适的地方,是不是刚好就能避开它们的短处而发挥它们的长处?

我们也可以看到,不一定是我们大家认为最高尚、最有智力的人最适合于任何事情,谁也不能百事皆能。

有一个实验很有意思:都用广口玻璃瓶,一个里面放五只蜜蜂,一个里面放五只苍蝇,瓶底冲着光亮方向,瓶口朝着黑暗方向,在那里放着,看它们做什么选择。

蜜蜂的生活环境显然比苍蝇要好得多,它们合作酿蜜,是有组织、有纪律的。好像是有逻辑的认知,它们坚持认为出口一定是在光亮处。结果呢?五只蜜蜂都撞死了,因为它们不停地往瓶底上飞,飞不出去也要往那儿飞。

什么叫无头苍蝇?瓶子里的苍蝇就是。最后那五只苍蝇都活着飞出去了,因为它们不是非朝着光亮的方向飞不可。它们误打误撞,哪儿能出去就出去哪儿了。

尺有所短, 寸有所长 길고 짧은 건 대봐야 안다
无头苍蝇 머리 잘린 파리, 천방지축으로 날뛰는 사람

34

22 年轻的价值

　　很多时候，人们总会看重不曾拥有的东西，奢望拥有那些华而不实的东西，而对眼前拥有的一切不懂得珍惜。

　　有一个小伙子，跟一个白发苍苍的哲人诉苦："你看我现在很年轻，没有资历，也没有财富，也没有好的职业，我在世界上一无所有，你说我这一辈子的人生多无望啊!"

　　老人说："你说你没有财富，那么如果现在砍你一根手指头，给你一千块钱，你干吗?"

　　小伙子说："不干啊。"老人说："给你更多，砍你一根手指头，给你一万块钱。"小伙子说："那我也不干啊。"

　　老人说："如果让你现在马上变到八十岁，给你一百万呢。"小伙子说："我更不干了。"

　　老人又说："现在让你马上就死，给你一千万。"小伙子勃然大怒："我都死了，我要那一千万干什么啊?"

　　老人说："很好，你现在的资产已经有一千万元了。你想想，刚才所说的一切不都没在你身上发生吗？你还如此年轻，这就是你的资本。"

　　📖 **苍苍** 희끗희끗하다

23 阿拉伯数字的由来

　　我们把数学上使用的 1、2、3、4、5、6、7、8、9、0 称为阿拉伯数字。实际上，这些数字符号最早发明和使用的并不是阿拉伯人，而是印度人，那么为什么把它叫做阿拉伯数字呢?

　　早在古印度孔雀王朝(公元前324~前187)统治时期，印度人就已使用这种数码进行计算。到笈多王朝统治时期(公元320~540)，这种数字逐步达到完善，特别是制定了"0"的符号。

　　印度人创造的这套数字符号是对数学发展史上非常宝贵的贡献。

　　到了公元771年，印度天文学家、旅行家毛卡拜访问了阿拉伯王宫。他带来了印度制作的天文表以及一部天文学著作，把它献给了当时的国王。在这部著作中，有大量的印度数码，通过翻译后，印度数码便为阿拉伯人采纳和推广使用，并称之为"印度数字"。

　　由于印度数字和印度计算既简单又方便，很快由阿拉伯人传播到欧洲各国，逐渐取代了罗马数字，欧洲人认为这是阿拉伯人的发明，便称之为阿拉伯数字。

24 米老鼠的由来

　　美国曾经有一个穷困潦倒的画家，他到最贫困的时候，已经连买油漆、画布、彩色颜料的钱都没有了，只能靠在街上给人画广告谋生。后来他流落到堪萨斯州，在一座教堂里面给人修补壁画。这个时候，他已经惨到晚上只能住在一个破败的车库里。

　　那车库里面有一只小耗子。这只小耗子经常吱吱呀呀地在他身边跑来跑去，他很孤独，所以觉得小耗子也是挺好的朋友。就在这个时候，有一个偶然的机遇就落在他身上。恰好好莱坞要推一部动画片，寻找主创的设计师找到了他。

　　他就画啊画啊，画了四五稿都推翻了。晚上，他坐在车库里面，咬着画笔，盯着画纸，觉得已经走到穷途末路的时候，那只小老鼠又蹲在他的画案上，两只小眼睛亮晶晶地看着他。他看着这只小耗子，脑子里面突然跳出一个造型，落在笔下，这就是米老鼠。这个画家，就是后来大名鼎鼎的迪士尼先生。车库里的一只小耗子成就了这么一位大师，成就了米老鼠这个经典的卡通形象。

📖 **破败** 무너지다　**穷途末路** 막다른 골목에 처하다
　造型 만들어낸 캐릭터　**米老鼠** 미키마우스　**好莱坞** 할리우드　**耗子** 쥐

25 幸福的条件

　　有一个故事说得好。有一个人过新年，想买双新鞋，去各个鞋店挑。他是一个完美主义者，觉得这个鞋店的款式不好，那个鞋店的价钱太贵，等到款式、价钱都合适，又没有适合他的号码了，所以挑了一整天，一双好鞋也没找着。

　　等到黄昏，他无比郁闷地往家走的时候，迎面过来一个坐轮椅的人。他看着这个人，想，这个人连脚都没有，也就没有挑鞋子的烦恼，用不着去挑鞋了。

　　想到这里，他突然明白了一个道理，人生还有鞋可挑，是多么幸福的一件事！何必要那么挑剔呢，你总能找到适合自己的鞋子。相比于那些连鞋都没有机会去挑的人，你总归幸运的。

　　我们看这个世界，该抱着什么样的态度呢？我们往往在一种片面的情绪里夸大了自己的痛苦，跟那个挑鞋的人一样，一直情绪低落，以为一时挑不着合适的鞋子是多么大的痛苦。其实，怎么看待自己的生命，建立自己内心的价值坐标，是你能不能对世界抱有希望和宽容的前提。

　　　轮椅 휠체어　郁闷 답답하다　挑剔 까다롭게 굴다　坐标 좌표, 목표점

38

26 所有的生命都有意义

隆冬来临之前，在深秋的田埂上，有三只小田鼠忙忙碌碌地做着过冬准备。

第一只田鼠拼命地去找粮食，把各种谷穗、稻粒一趟一趟搬进洞里。

第二只田鼠卖力地去找御寒的东西，把很多稻草、棉絮拖进洞里。

而第三只田鼠呢？就一直在田埂上游游荡荡，一会儿看看天，一会儿看看地，一会儿躺下休息。

那两个伙伴一边忙活，一边指责第三只田鼠说，你这么懒惰，也不为过冬做准备，看你到了冬天怎么办！

这只田鼠也不辩解。

后来冬天真的来了，三只小田鼠躲在一个非常狭窄的洞里面，看着吃的东西不愁了，御寒的东西也都齐备了，每天无所事事。渐渐地，大家觉得非常无聊，不知道怎么打发这些时光。

在这个时候，第三只田鼠开始给另两只田鼠讲故事。比如在一个秋天的下午，它在田埂上遇到了一个孩子，看到他在做什么什么；又在一个秋天的早晨，它在水池边看到一个老人，他在做什么什么；它说曾经听到人们的对话，曾经听到鸟儿在唱一种歌谣……它的那两个伙伴这才知道，这只田鼠当时是在为大家储备过冬的阳光。

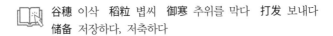
谷穗 이삭 **稻粒** 볍씨 **御寒** 추위를 막다 **打发** 보내다
储备 저장하다, 저축하다

27 "女儿红"的由来

女儿红酒也叫女儿酒、女贞陈绍、花雕酒，是浙江绍兴的特产之一。女儿红酒的由来，还有一个有趣的故事。相传绍兴古时有个裁缝，妻子怀孕后，他买来两只陶坛，将酿好的酒盛在这两只坛子里，准备待儿子满月之日，招待亲朋好友。谁知妻子生了个女儿，重男轻女的裁缝一气之下，将两坛酒埋在了地下。也不宴请客人了。

转眼间女儿长大了，到了成亲之日，老裁缝这才想起十八年前埋在地下的两坛老酒，连忙挖出来宴请客人。一启开坛，顿时满屋清香，客人们喝着澄黄清澈、醇厚的喜酒，赞不绝口，纷纷向老裁缝讨教酿酒技术。

从此后，绍兴便形成这样一种风俗，凡是生女儿的家庭，父母便在女儿出生之日酿酒一坛或数坛，深藏在地窖里，待女儿出嫁时，再取出待客或作为嫁妆赠给男家。人们把这种酒叫"女儿酒"或"女儿红"。而家中生子的人家也仿此酿酒，埋在地窖里，待儿子中榜后，庆贺时饮用，故此酒又叫"状元红"。因为这种酒坛上往往还要雕刻许多山水花鸟等精美的图案，所以人们又称之为花雕酒。

坛子 항아리　启开 열다　地窖 땅굴, 구덩이　嫁妆 혼수품

41

28 萤火虫为什么会发光？

　　夏天的夜晚，有时能够看到明亮的小灯光在空中一闪一闪地飞来飞去，大家都知道这就是萤火虫，但你知道萤火虫为什么会发光吗？

　　萤火虫的腹部末端有一个能发出绿色光芒的发光器官。雄虫的发光器为两节，雌虫为一节。在发光器的皮肤下面有发光层。发光层呈黄白色，有一种叫做荧火素的蛋白质发光物质。

　　当萤火虫呼吸时，这种荧火素便和吸进的氧化合成荧光素酶，于是，它们的尾部就开始一闪一闪地发光了。荧火虫不仅成虫可以发光，就连卵、幼虫和蛹也会发光。萤火虫发出来的光，大部分的能量都转为光能，只有少部分化为热能，所以萤火虫可以发光相当长一段时间。萤火虫的反光细胞，使光看来更亮。

　　不同种类的萤火虫，发光的形式不同。成虫的发光除了找寻配偶之外，还有警告其它生物的作用。萤火虫受到惊吓后会关闭光亮，防止天敌发现自己。

　　荧光素酶 루시페레이스, 발광효소

29 "她"字的由来

　　汉语词汇中的"她"字作为女性第三人称代词是现代著名诗人、语言学家刘半农于1920年创造的。古汉语是没有"她"字的。在这之前，人们写文章无论是表示男性或是女性，都是用"他"字。出于对女性的尊重，五四运动前后，有人也用"伊"字来代指女性，但"他"与"伊"并用，常常造成混乱。

　　刘半农曾留学法国专攻语言学。他认为，白话文的兴起，加之翻译外国文学作品骤增，第三人称代词使用频繁，仅一个不分性别的"他"字是不够的。于是刘半农专门创造了一个"女"字旁的"她"来代指女性，谁知这在当时文化界引起反响，有人支持，有人抨击。为此，1920年6月，刘半农发表《"她"字问题》一文。为推广使用"她"字，他还写了诗歌《教我如何不想她》。这首诗歌后来广为传唱。"她"字很快得到各界人士的赞同和认可。从此，"她"就成为女性第三人称代词并被广泛使用。

骤增 격증하다

30 "V"手势的由来

　　西方人常用"V"手势表示胜利，不知是什么时候起，我国也借用已经很长时间了，那么你知道它的由来吗?"V"符号起源于第二次世界大战期间的英国，但发明人却是比利时人维克托·德拉维利。德拉维利是从比利时逃亡到英国的一位广播员，他加入了英国的抗敌组织。在对欧洲广播时，他首先用贝多芬第五交响曲起首的那4个音符"嘀——嘀——嘀——嗒"开头。

　　这三长两短的音符，译成摩尔斯码恰好是"V"的符号，表示盟军必将胜利。一时间，在欧洲各个沦陷国家，无论是敲门、拉汽笛、按汽车喇叭都是"嘀——嘀——嘀——嗒"。餐馆服务员有意把刀子和叉子摆成"V"形，商店把时钟都摆到11点5分，让时针呈"V"形，就连德军的厕所里也出现了这个令他们心惊肉跳的符号。

　　与此同时，英国首相丘吉尔在一次记者招待会上首创将食指和中指分开，形成"V"形手势，表示盟军必胜。这一手势迅速在英国广泛流行起来。从此，朋友们见面也使用"V"手势打招呼。"V"便成为胜利的标记，并逐渐在全世界普及，成为世界性手势语言。

📖 比利时 벨기에　摩尔斯 모스　丘吉尔 처칠　手势语言 수화

31 牛认得出你来

　　金朝时，河南荥阳县有个人叫李复亨，他聪明好学，十八岁就考上进士，從此仕途得意，一直作到金宣宗时的参知政事。李复亨在担任河北省南和县令时，碰到一桩讼案，有个农民跑来诉冤，讼家里的牛不知被谁把牛耳割去了。

　　李复亨亲自到农夫家，看了看受伤的牛，对农夫说："不偷牛却只割牛耳，可见不是一般窃贼歹徒干的，而是某个跟你有仇的邻居干的。"他便把附近所有的邻居全部召集来，站在牛主家的晒谷场上。

　　割牛耳的人的确就在人群中，但是坏人脸上又没有刺字，要怎样找出他来呢？问牛主和谁结怨吗？也许可行，但未必行得通。结怨的人可以否认行凶，这里面没有必然的因果关系。

　　李复亨很高明，他也不问牛主和那个邻居结怨，他叫大家站一排，彼此间隔五步，然后要牛主牵出受伤的牛，从一排人的这头走到那头，牛走到当中一人面前时，突然惊跳不前，怎么拉它也不肯再去。牛可是认得割它耳朵的凶手的呢！

桩 사건에 쓰이는 양사　刺字 옛 형벌의 일종으로 얼굴에 새기는 문신
行凶 범행을 저지르다

32 什么叫'老板'

　　现在, 人们称工商业的业主为"老板"。而在旧时, 佃农称地主、雇工称雇主叫"老板";京都称有名气的京剧名角为老板;而在福建、江南一带则称店主、船主为"老板"。

　　然而, 推本溯源, "老板"不是指人, 而是指大钱。旧时称铸钱之模为"板"。明冯时可的《雨航杂录》云: "铸钱之模谓之板。宋时铸钱, 每板六十四文, 故俗有板板六十四语。今江北各省称大钱为老官板, 亦是此义。称官板者, 别于私铸也, 称老官板者, 别于近来之官板也。" "老官板"可能是老板的前身, 中间加一个"官"字, 无非是为了同私铸之钱区别开来。

　　宋代以前所铸的"老官板"都是大钱。元代没有铸钱, 民间所用都是旧钱。到了明代, 才有一种"板儿"的钱, 有别于以前的"老官板"。明清两代, 唐宋钱尚未绝迹, 民间称为"老板"钱。

　　由于"老板"原是大钱, 地主、雇主、店主都是有钱人, 人们便以钱称人, 就称他们为"老板"了。

推本溯源 근본적인 원인을 캐내다

33 英文'China'的由来

在英语中，将中国写作"China"。关于China的由来，说法不一。

一般认为China是汉语"昌南"一词的音译。"昌南"指昌南镇，是瓷都景德镇的旧称。该地处于昌江之南，故在南朝称昌南镇。早在东汉时，古人就在这里烧制陶瓷。到了唐代，这里创造出一种青白瓷。青白瓷晶莹滋润，素有假玉器的美称，因而远近闻名，并畅销国外。

18世纪以前，欧洲人还不会制造瓷器，故中国昌南镇的精美瓷器是欧洲人十分珍爱的贵重物品。这样欧洲人就把"昌南"作为"瓷器"(china)和生产瓷器的"中国"(China)的代称。久而久之，欧洲人把"昌南"的本意忘却了，只记住了它是"瓷器"和"中国"。所以，至今欧洲仍习惯称中国为"China"。

上述说法比较流行，但有关学者认为其实不然。英语对中国的称呼，同波斯语、印第语、意大利语、希腊语等对中国的称呼一样，都与"秦"或"大秦"有关。外国还有称中国为"秦尼"、"秦尼斯坦"、"摩秦"、"马秦尼"等等、都是"秦"的音演变而来的，"China"实际上是"秦"的发音转化。

34 ‘箸’为何改名为‘筷子’

筷子，古称“挟”、“筋”、“箸”。筷子文化圈人的祖先从利用树枝拨动烤食的过程中得到启发，树枝渐渐演变为筷箸。

据史书记载，殷商末期的君主纣王已使用象牙筷；汉魏六朝时有了各种规格的漆筷；南北朝时帝王常以金绦镶嵌红木箸赏赐百官；唐代的达官显贵在乐宴嘉宾时，常配以典雅的牙筷或玉筷；皇室宴饮则用金筷；至宋代，玉筷、铜筷已相当精美。

古人为什么称“箸”为筷呢？《菽园杂记》记载：古代江浙一带，坐船时不能说出“住”字，因为当时水道航运靠的是人工或风力推行的木船，“箸”同“住”谐音，又与“蛀”同音，这对希望一帆风顺的航行是个忌讳。因此，人们就反其义改箸(住)为筷(快)了。由于这东西大都以竹子做成，因此又在“快”字上冠以“竹”字头。

现在，筷子的称呼已被人们广泛使用，但在报端和有些书刊中，仍把“箸”用为筷子的书面用语。

谐音 음이 같다　蛀 벌레 먹다　忌讳 입으로 발설하기를 꺼리다

35 报恩的老鼠

狮子吃饱了，舒服地躺在一棵大树下，准备好好睡个午觉。

不一会儿，狮子就睡熟了，传出了均匀而粗糙的喘气声。就在这个时候，一只乱窜的老鼠不知道哪儿跑了出来，正好一头撞在熟睡的狮子身上。

狮子从睡梦中被惊醒，一把抓住了小老鼠。狮子怒容满面地吼道："你没长眼呀！竟敢来打扰我睡觉！不想活了！是不是!"

老鼠知道自己惹下了大祸，吓得哆哆嗦嗦地说："狮子大王，我……求您饶了我吧！有机会，我……我一定会……会报答您的!"

正在气头上的狮子本来想把老鼠一口吃掉，听到小老鼠这些话，觉得特好笑，这么小的一只老鼠，能报什么恩呀？于是狮子笑了一笑，松了手，把老鼠逃了。

几天后，老鼠正在玩耍，突然听见有狮子的吼声，狮子的叫声听起来特别痛苦！老鼠寻着声音找到了狮子。原来狮子不小心掉进了猎人的猎网中。老鼠二话没说，立刻用自己尖利的牙齿去咬绳子，它用尽全身的力气，不停地咬，最后，绳子一根根断了，狮子得救了！

小老鼠对狮子说："你虽然强大，但是有时侯也会需要像我这样弱小的动物来帮忙的！不是吗?"

均匀 고르고 일정하다　惹祸 화를 자초하다
二话没说 즉각적으로, 군소리 없이　哆哆嗦嗦 벌벌 떨다

36 心中有什么，言中就有什么

宋人的笔记中记载过苏轼与佛印交往的故事。苏轼是个大才子，佛印是个高僧，两人经常一起参禅、打坐。

佛印老实，老被苏轼欺负。苏轼有时候占了便宜很高兴，回家就喜欢跟他那个才女妹妹苏小妹说。

一天，两人又在一起打坐。

苏轼问：你看看我像什么啊？

佛印说：我看你像尊佛。

苏轼听后大笑，对佛印说：你知道我看你坐在那儿像什么？就活像一摊牛粪。

这一次，好像佛印又吃了哑巴亏。苏轼回家就在苏小妹面前炫耀这件事。

苏小妹冷笑一下对哥哥说，就你这个悟性还参禅呢，你知道参禅的人最讲究的是什么？是明心见性，你心中有眼中就有。佛印说看你像尊佛，那说明他心中有尊佛；你说佛印像牛粪，想想你心里有什么吧！

这个故事适用于我们每个人。大家想想，为什么我们一样在这个世界上生活，有些人活得欢欣而温暖，有些人却整天指责抱怨？他们的生活真的相差那么远吗？其实就像我们面前有半瓶子酒，悲观主义者说，这么好的酒怎么就剩半瓶了！乐观主义者则说，这么好的酒还有半瓶呢！表述不同，缘于心态不同。

打坐 좌선하다　占便宜 이득을 보다　吃亏 손해를 보다

37 教育没有固定的正答

　　孔子还有一样很厉害，就是他能够做到因材施教，所以，同样的问题在他这儿得到的答案可能会不一样。

　　子路来问老师："听到一件事，我马上就要做吗?"老师说："有父兄在，你就敢贸然行动？你还有家长呢，你不请教他们，你上来就做，好像不合适吧?"这时候，冉有也来了，说："听到一件事，就要做吗?"还是同样的问题，老师却断然地说："听到了就要做。"第三个学生公西华听见了，说："这两人问的问题一模一样啊，为什么跟一个人说他有父兄在不能这么做，跟另外一个却说你马上就这么做。我越听越迷惑，老师，为什么呢?"

　　老师回答说，冉有这个人生性就怯懦退缩，他做什么事都犹豫不决，他老往后退，所以要鼓励他赶快去做，给他一种下决心前进的力量。子路这个人，从来就是勇猛过人，勇于做事，就要让他谨慎一点，多思考，凡事掂量之后再去做，所以给他往后退的力量，约束一下他。这就是孔子的教育。在这个世界上，不同的人问同一个问题，可以获得不同的答案，原因就在于所针对的主体不同。

怯懦退缩 겁이 많고 소극적이다　掂量 어림짐작하여 따지다
约束 단속하다

38 讲义气的关羽

大家也许都熟悉关羽归汉的故事吧。建安五年(公元200年),曹操攻破徐州,刘备、张飞败逃,关羽被俘。

曹操对关羽惺惺相惜,一直希望这样一个忠勇之人可以来辅佐自己,但是他也看出关羽不会久留,所以他一方面诚意相待,另一方面派自己的大将张辽去探听关羽的口风。

关羽跟张辽说:"我知道曹公待我恩重如山,但是我已经跟刘备有兄弟之约,生死结盟,我对他的忠心绝不会改变。我一定不会留在这里,但是我会报答了曹公之后才走。"过了几个月,机会终于来了,关羽斩杀了袁绍军中大将颜良。这时候曹操知道,关羽已经报恩了,非走不可了。于是曹操对关羽厚加赏赐,而关羽呢,把所有的赏赐都封存起来,并不带走,留书告辞,去找刘备了。关羽走的时候,曹操的部将要去追,曹操把他们都拦住了,说:"各有其主罢了,不要追了。"

为什么舞台上的关公永远是红脸的忠勇形象?就是因为他笃诚守信。从正史到小说,都记载或流传着关羽心恋故主的忠勇故事。现在看三国戏,大家觉得很热闹,但在那些政治纷争之外流传最久远、最深入人心的还是道德价值。

口风 말 속에 시사하는 뜻, 의중　留书 편지를 남기다

54

39 由孝心产生出来的关怀

　　我还看到过一个让人很感动的儿女尽孝的小故事。有一帮朋友在一起聊天，有一个人说，我在外面时间这么长，我要给爸爸妈妈打个电话告诉他们一声。然后，他拨了一遍号码，停了一下挂断，又拨了一遍号码，拿着听筒等着，接着跟他父母说话。他的朋友们很奇怪，问："拨第一遍占线啊？"他说没有。朋友问："那为什么要拨两遍呢？"

　　这个人淡淡地说："我爸爸妈妈年纪大了，腿脚不好，他们只要听见电话就觉得是我的，每次都是不顾一切往前冲，恨不得扑在电话机上。我妈因为这样就经常被桌子腿绊到。后来我就跟他们说好，我会经常打电话，但前提是你们一定不要跑，我第一次拨通电话就响两三声，然后挂上，你们慢慢走到电话机边等着，过一会儿我一定还会打过来的。"

　　这个故事，说实在话，是比较少见的儿女孝敬父母的故事。朋友们在一起聊起父母对儿女的爱，大家可能随口说出一大把，但是儿女有如此之心对父母的，往往少见。其实，我倒真希望这样的故事能发生在我们每个人的家里，发生在我们身边。

　　📖 **占线** 통화중이다　**绊** 발이 걸리다

55

40 伤害和恩典该有不同的铭刻方式

有一个阿拉伯故事说，两个朋友出门做生意，他们要经过广阔无垠的沙漠、石滩。有一天，两人争执起来了，一个人愤怒地打了另一个人。

被打的这个人很郁闷，就在流沙上写了一行字："今天我的朋友打了我。"

两个人又往前走。到了深更半夜，暴风夹着流沙吹来了，他的朋友先醒了，赶紧推醒他说："咱俩赶紧逃生。"两个人跑到了一个温暖安全的地方，躲在一块大石头后面。

这个人拿出小刀，在石头上刻了一句话："今天我的朋友救了我。"

他的朋友很奇怪，说："我打你的时候你怎么写在沙子上，我叫了你这么一声你怎么就刻在石头上了？"这个人说，在这个世界上，我们难免受到伤害，被伤害了就要宣泄一下，不过要写在沙子上，反正风一过，流沙就平了。

这些伤害最好被遗忘。但是，别人对你的好，要铭刻在心，刻在石头上，它就永远留在心里。

这个世界上，有过伤害，但也有过很多恩典，我们要以什么样的心去分别面对呢？就看你把哪些写在流沙上，把哪些刻在石头上。

有些人的一生用来铭刻仇恨，所以他很难得到幸福；有些人的一生用来铭刻幸福，所以他的生命充满感恩。

 宣泄 화를 풀다

41 最重要的是什么?

有一个国王每天都在思考三个最最终极的哲学问题: 在这个世界上, 什么人最重要?什么事最重要? 什么时间做事最重要?

就这三个问题, 举朝大臣, 没人能够回答得出来。 他很苦闷。后来有一天, 穿着微服出去私访, 走到一个很偏远的地方, 投宿到一个陌生的老汉家。

半夜里, 他被一阵喧闹声惊醒, 发现一个浑身是血的人闯进老汉家。那个人说, 后面有人追我。

老汉说, 那你就在我这儿避一避吧。就把他藏起来了。国王吓得不敢睡, 一会儿看见追兵来了。

追兵问老汉, 有没有看到一个人跑过来? 老头说, 不知道, 我家里没别人。后来追兵走了, 那个被追捕的人说了一些感激的话也走了。老汉关上门继续睡觉。第二天国王问老汉说, 你为什么敢收留那个人? 你就不怕惹上杀身之祸? 而且你就那么放他走了, 你怎么不问他是谁呢?

老汉淡淡地跟他说, 在这个世界上, 最重要的人就是眼下需要你帮助的人, 最重要的事就是马上去做, 最重要的时间就是当下, 一点不能拖延。

那个国王恍然大悟，他那三个久思不解的哲学问题，一下都解决了。

微服 평민복장　喧闹 떠들썩하다　收留 받아들이다
拖延 지연하다, 늦추다

42 道听途说不值得可靠

有一个故事说得好。有一位哲人，素来沉默。有一天，他的一个朋友飞奔而来，满脸神采飞扬，跟他说："我要告诉你一个特别重大的消息。"

哲人拦住他说："你任何消息说出口之前要过三个筛子。第一，你确认这个消息是真实的吗？"那个朋友就打了个愣，说："我没这么想过，不一定。"

这个哲人笑了笑，说："第二个筛子，你确认这个消息是善意的吗？"

那个人想了想，又不是很肯定。我们知道，这个世界上恶意消息的传播往往比善意消息的传播广泛得多，负面的新闻大多比正面的新闻要传播得快。

接着，这个哲人又问了第三个问题："你用第三个筛子过一下，这个消息真的那么重要吗？"这个人想了想，说，好像也不是太重要。

这个哲人说："三个筛子过完了，你这个消息就是不说出来，你自己也不会受它困扰了。"

我们想一想，道听途说的事情，使你一时兴奋，但是如果真过了这三个筛子，还一定非说不可吗？生活中的信息、知识非常庞杂，接受哪些，不接受哪些；学哪些，不学哪些，怎么不先过过脑子呢？

43 能看透人才的眼光

我们都知道鲍叔牙和管仲的故事，这是中国历史上著名的故事。他们两人本是好朋友，真正的知己之交。鲍叔牙跟了公子小白做事，而公子小白呢，就是后来有名的齐桓公。小白打败了公子纠，做了齐国的国君，这时鲍叔牙给他推荐了一个人。

他说："如果您真要治理好这个国家，真想让国家兴旺发达，为什么你不起用管仲呢？

管仲这个人，在宽厚仁慈对待百姓上我不如他，在治理国家不失权柄上我不如他，在指挥打仗军事谋略上我不如他，在制定国家法度礼仪上我也不如他，那么你为什么不请管仲来呢？"

提起管仲，齐桓公可是心有余悸，因为管仲当年就是公子纠的门客，曾经在争斗中一箭射到公子小白的衣带钩上，差点要了小白的命，如今他逃亡在外。如果那时管仲射死了公子小白，如今的齐国国君就应该是公子纠了。这位管仲可是齐桓公的大仇人，怎么能够用他呢？

但是，齐桓公听鲍叔牙这么一说，便摒弃前嫌，赶紧把管仲请了回来，让他做了齐相。

这管仲虽然早年出身贫寒，但确非等闲之辈，忠心耿耿辅佐齐桓公治理齐国，结果，齐桓公做了天下霸主，"九合诸侯，一匡天下"，声威赫赫。

可以说，管仲治齐，虽然有鲍叔牙的推荐之功，但若非齐桓公有容忍大度的襟怀，那绝对没有管仲发挥的机会。

余悸 트라우마　**摒弃** 버리다　**等闲之辈** 평범한 인물　襟怀 흉금, 배포

人体解剖学何时开始?

　　现代人体解剖学的奠基人是意大利外科学和解剖学教授维萨里(1514~1564)。

　　早在公元2世纪,古罗马医生盖仑写了一部《解剖学》,但是他解剖的不是人体,而是一些动物的躯体。当时的教会是严禁解剖人体的。

　　因为人们相信人是上帝创造的,人体是神圣的。一千多年来,学医的人没有一部真正的人体解剖学。年轻的医生维萨里决心要揭开人体的奥秘。

　　1536年的一天,比利时卢万城外的刑场上处决了一名死囚犯,尸体吊在绞架上示众。维萨里壮着胆子,趁着黑夜,躲过警戒的哨兵,悄悄地把尸体从绞架上放下来,背起就跑,刚一进城就被巡逻的骑兵发现。维萨里知道,要是被抓住,自己也得被绞死。

　　他只好把尸体的头颅割下来,躲过骑兵的追捕,偷偷跑了回来。第二天,他藏在地窖里,专心致志地解剖头颅,对人体的司令部——大脑进行第一次探索。

　　从这以后,维萨里几次到郊外墓地,把一些无人认领的尸体偷回来解剖,对人体的内脏、肌肉、神经和血管进行认真、详细的研究和描绘。

1524年，他终于完成了人类第一部《人体的构造》，为现代医学、人体解剖学树立了一块里程碑。

 躯体 체구, 신체　**卢万** 지역 이름　**头颅**tóulú 머리

红"囍"字的由来

人们结婚办喜事，总爱在门窗上贴个大红"囍"字，称红双喜，以渲染喜庆气氛。

这一习俗的由来，据说源于宋代的王安石。1042年，20岁的王安石赴京赶考，路过马家镇，见该镇马员外挂的走马灯上写着一副对联的上联："走马灯，灯马走，灯熄马停步。"原来是马员外家在征联择婿。马员外有一才女，不仅俊美，而且琴棋书画，样样精通。

马员外视为掌上明珠，依女意以联择婿。王安石想，如有机会，一定会会这位才女。因为没有时间，只好继续赶路。

第二天，王安石在考试中因交头卷受到主考官的赞赏，便传他面试。主考官指着厅前的飞虎旗说："飞虎旗，旗飞虎，旗卷虎藏身。"王安石信口对道："走马灯，灯马走，灯熄马停步。"主考官见他回答得又快又好，赞叹不已。

考毕，王安石暗想，这是那才女之助也。于是回到马家镇，来到马员外家。马员外请他对走马灯的上联。

王安石随手写道："飞虎旗，旗虎飞，旗卷虎藏身。"马员外见对仗工整，当即许以其女并择定良辰吉日在马家举行婚礼。

成亲那天，正当新郎新娘拜天地时，报子来报："王大人金榜题名，明日请赴琼林宴。"

马员外重开酒宴，王安石喜上加喜，不免三分醉意，在红纸上挥笔写下了一个"囍"字，并吟道："巧对联成双喜歌，马灯飞虎结丝罗。洞房花烛题金榜，小登科遇大登科。"从此，人们办喜事张贴大红"囍"字的习俗就流传开来并一直沿袭至今。

良辰吉日 길일　报子 과거 급제 소식을 전하는 통지서

‘中国’的由来

"中国"这一名称始于周朝。但最初"中国"并不是指国家，而是指国都。"中"字本来的写法，就像一根棍子插在一个方形或圆形的平面上，这根棍子是旗杆。为什么某一方圆之地插上一根旗杆便成了"中"呢？原来在远古时候，氏族中凡有大事，便把画着族徽的旌旗插在旷野上。这在古时叫"建中"，族人望见，便从四方围拢而来。古代学者的解释是，帝王之所都就是"中"，所建的城邑就是"中国"。

商朝时，由于国都定位于它的东西南北各方诸侯之中，所以人们称这块土地为"中国"，即是"中央之城"或"中央之国"的代名词。因为封建王朝或政权只有国号没有国名，所以在古时候，"中国"并不是以国名出现的。汉朝的国号是汉，唐朝的国号是唐，以后建立的王朝国号还有宋、辽、金、元、明等。清政府与外国人签订的条约上签署的国名是"大清"，他们的国号都不叫"中国"。当时所说的"中国"也只是指在地域、文化方面的概念。

1911年，辛亥革命取得胜利，推翻帝制，建立了"中华民

旌旗 깃발　围拢 주위에 모여들다

国"，简称"中国"。从那时起，"中国"才成为具有国家意义的正式名称。新中国成立后，中国人把"中国"作为"中华人民共和国"的简称。

47 使人一夜成名的一道题

　　大概在二百多年前，有一个数学系的大学生，不到二十岁的小伙子，他很聪明，学习也很用功，老师就给他吃偏饭，每天给他多留三道题，让他回去自己做。

　　这孩子就天天习以为常地做题。有一天，他把三道题做完以后发现书里头还夹着一张小条，也是一道题，只许用直尺和圆规做出一个正十七边形来。

　　他想，这大概是老师多给他留了一道题。他就开始做题。这道题挺难的，他整整熬了一夜，直到天亮才做出来。

　　他就拿着作业，晃荡晃荡地回学校交卷。他把作业往老师那儿一放，老师一看就开始哆嗦，问他，这题是你自己做出来的吗？

　　他说，是啊，这题挺难做的，我花了一宿。

　　老师说，这道题是一道两千多年前的题啊，阿基米德没做出来，牛顿也没做出来，我最大的梦想就是这辈子把它做出来，所以我走到哪儿都在书里夹着这张纸条，但我到现在也没做出来。

　　我不小心把它掉到你那儿了，你居然把它做出来了。老师一说完，这个学生就快被吓哭了。

学生说, 要是老师告诉我这是一道两千多年来都没做出来的题, 那我肯定也做不出来。

这个学生就是后来被称为数学王子的高斯, 高斯也是因为这道题而一举成名。

圆规 컴퍼스　**熬夜** 밤새다　**晃荡晃荡** 비틀비틀　**一宿** 하룻밤

48 大公無私

　　春秋时期，晋国有一位官员叫祁黄羊，他为人非常正直。
有一次，晋平公问祁黄羊："南阳缺个地方官，你看派谁去
比较合适呢？"祁黄羊毫不迟疑地回答："让解狐去最合适，
他一定能够胜任！"平公惊奇地问："解狐不是你的仇人吗？
你为什么要推荐他呢？"祁黄羊说："你只问我谁能够胜任，
什么人最合适，并没有问我解狐是不是我的仇人呀！"于是，
平公就派解狐去南阳上任了。解狐到任后，做了不少好事，
民众都称颂他。

　　过了些日子，平公又问祁黄羊："现在朝廷里缺少一个法
官，你看谁能胜任这个职位呢？"祁黄羊说："祁午能够胜
任。"平公又感到很奇怪，问道："祁午不是你的儿子吗？你
推荐自己的儿子，不怕别人讲闲话吗？"祁黄羊说："你只问
我谁可以胜任，并没有问我祁午是不是我的儿子呀！"平公
就派了祁午去做法官。祁午当法官后，为人们办了许多好
事，受到人们的欢迎与爱戴。

　　孔子听说了这两件事，十分敬佩祁黄羊。孔子说："祁黄羊
说得太好了！他推荐人，完全是以才能为标准，既不因为解狐
是自己的仇人，心存偏见，就不推荐，也不因为祁午是自己的

儿子，怕人议论，就不推荐。像祁黄羊这样的人，才称得上是, '大公无私'!"

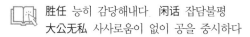

反转的外助

　　大家知道，晏婴是五短身材，其貌不扬，看起来样子有点猥琐。可是他有一个车夫，却长得特别帅，个子高高的，相貌堂堂。

　　这个车夫很有意思，觉得自己给齐国的宰相驾车很风光。而且，他觉得自己的位置很好啊：每天坐在车前面，驾着高头大马，而晏子却只能在车棚里面坐着。他觉得车夫这个职业真是太好了！

　　有一天，车夫回到家里，发现自己的夫人哭哭啼啼地收拾了东西要回娘家。他吃惊地问道，"你要干什么？"他夫人说，"我实在忍受不了了，我要离开你。

　　我觉得跟你在一起挺耻辱的。"车夫大惊，"你不觉得我风光吗？"他夫人说，"你以为什么叫做风光？像人家晏婴那样身负治世之才，却如此谦恭，坐在车里毫不张扬，而你不过就是一个车夫而已，却觉得自己风光无限，趾高气扬全在脸上！

　　你整天跟晏婴这样的人在一起，却不能从他身上学到一点东西来反省自己，这使我对你很绝望。跟你生活是我人生最大的耻辱了。"

　　后来这个事情传扬出来，晏婴对这个车夫说："就冲你有这样的夫人，我就应该给你一个更好的职位。”结果提拔了这个车夫。这个故事告诉我们什么呢？

这就是说，我们的周围有很多人，他们的生活方式和他们处世态度，都可以成为我们的镜子，关键是我们自己要做个有心人。

猥琐 옹졸하다, 쩨쩨하다　趾高气扬 우쭐거리다, 의기양양하다
传扬 소문으로 퍼지다　提拔 발탁하다　有心人 포부가 큰 사람

50 抹不掉的伤口

　　我在网络上看到一个小故事：有一个坏脾气的小男孩，一天到晚在家里发脾气，摔摔打打，特别任性。有一天，他爸爸就把这孩子拉到了他家后院的篱笆旁边，说："儿子，你以后每跟家人发一次脾气，就往篱笆上钉一颗钉子。过一段时间，你看看你发了多少脾气，好不好？"这孩子想，那怕什么？我就看看吧。

　　后来，他每嚷嚷一通，就自己往篱笆上敲一颗钉子，一天下来，自己一看：哎呀，一堆钉子！他自己也觉得有点不好意思。

　　他爸爸说："你看你要克制了吧？你要能做到一整天不发一次脾气，那你就可以把原来敲上的钉子拔下来一根。"

　　这个孩子一想，发一次脾气就钉一根钉子，一天不发脾气才能拔一根，多难啊！可是为了让钉子减少，他也只能不断地克制自己。

　　一开始，男孩儿觉得真难啊，但是等到他把篱笆上所有的钉子都拔光的时候，他忽然发觉自己已经学会了克制。他非常欣喜地找到爸爸说："爸爸快去看看，篱笆上的钉子都拔光了，我现在不发脾气了。"

爸爸跟孩子来到了篱笆旁边，意味深长地说："孩了你看，篱笆上的钉子都已经拔光了，但是那些洞永远留在了这里。其实，你每向你的亲人朋友发一次脾气，就是往他们的心上打了一个洞。钉子拔了，你可以道歉，但是那个洞永远不能消除啊。"

 篱笆 울타리　**嚷** 불평하다　**克制** 자제하다

51 眼镜的由来

关于眼镜的诞生地，有人认为在欧洲，也有人认为在中国或印度。

早期的眼镜大约出现于13世纪。那时的眼镜片大多采用碧玉、水晶、玫瑰石英等磨制而成。然后将椭圆形的镜片装在玳瑁、象牙、牛角或金属镶框里使用。但这种眼镜只有单片，使用起来很不方便。

后来，有人进行了改进，使用两片镜片。有的把两片镜片固定连接在一起，夹在鼻子上；有的用带子连在两片镜片上，然后挂在耳朵上；也有的用一根带子连在两片镜片中央，然后塞进帽子里；还有的用钩子挂在头发上。

到了13世纪末，才有人将两片镜片固定在一起，搁在鼻梁上，并与眼睛保持适宜的距离，将两边带弯的眼镜腿挂在耳朵上，这样使用起来就很方便了。

1608年，荷兰眼镜制造商帕尔塞伊申请了双目镜的专利。

18世纪，眼镜在社交场合更为流行。许多达官贵人已把配戴眼镜作为表示身份高低和时髦的装饰品，而不是为了改善视力。

1840年，奥地利的眼镜制造商发明了用玻璃制造的镜片以替代透明的水晶，由于制作方便，价格便宜，使很快流行于世界各地。

随着科学技术日新月异的发展，眼镜的材料和式样也更加趋于规范化了。

 **玳瑁** 대모, 대모갑 **钩子** 갈고리 **专利** 특허

52 自负力气大也没用

大家知道，古希腊神话里面有一个大力士赫拉克勒斯。

赫拉克勒斯有一次在路上碰到一个小袋子，静静地躺在一条很窄的山路上，挡住了路。他走过去的时候，顺便踢了小袋子一脚，想把这路面清出来。

没想到踢了一脚，这个小袋子膨胀了一下，变大了，一动不动。赫拉克勒斯生气了，上去又啪啪踢它几脚，却发现这个袋子越踢越大。

最后赫拉克勒斯找来一根大棒子，开始打它，打到最后，这个袋子就把这条路给堵死了。

这时候，路边过来一个哲人，跟赫拉克勒斯说："大力士啊，你不要跟它较劲了。这个袋子的名字叫'仇恨袋'。仇恨袋的原理就是越摩擦越大。当仇恨袋出现在你路上的时候，你置之不理，根本不去碰它，它也就这么大了，不会给你造成更大的障碍。等你逐渐走远了，它就被忘记了。

但是，如果你跟它较劲，你越踢它，越打它，仇恨袋就越大，最后封死你的整条道路。"这是一个古希腊的神话。它对我们来说，有没有意义呢？

我们这一生有太多太多远大的梦想，仇恨袋就在我们

80

行走的每个路口若隐若现，我们一定要走过去跟它较这个劲吗？

如何做到"恕"？我想，只有在对这个世界真正有体会，知道人生有很多无助与苍凉，对自己内心忠诚真正把握，理解他人的艰辛和自己道路的远大，所有的这一切都做到之后，我们对于怎样去走这条路，才会得出自己的结论。

也只有这样，对于人生路上的仇恨袋，我们才会找到更好的应付办法。这个办法，就是恕。

 若隐若现 보였다 안보였다 하다　**苍凉** 처량함

53 大写数字何时产生？

　　汉字的数字分大写、小写两种。人们在填写账单、发票时，金额数字除小写外，还必须要大写。大写数字的由来，有一段朱元璋惩腐反贪的故事。

　　明洪武十八年(1385)三月，户部侍郎郭桓在任职期间勾结地方官吏大肆贪污政府钱粮，数额累计达2400万石精粮。不久，此案东窗事发，震惊全国。

　　在中国古代，无论是官府收支，还是民间借贷，使用的都是小写数字。在长期的使用中，逐步显出了它的致命弊端，如一、二、三、十稍加改动就可成为五等数字。

　　郭桓这帮贪官正是利用空白账册及小写数字的弊端做手脚。他们串通一气，大做假账，中饱私囊，以此欺骗朝廷。

　　朱元璋极为愤怒，下令把郭桓及与此案有牵连的六部十二个朝廷大臣及数万地方官吏、地主皆处死，入狱、充边者不计其数。

　　这些贪官被绳之以法后，在制度上朱元璋制定了严惩经济犯罪的法令法规，在账目管理上实施一些行之有效的改革措施。

　　他把汉字的一、二、三、四、五、六、七、八、九、十、百、千改成壹、贰、叁、肆、伍、陆、柒、捌、玖、拾、佰、仟。这一方法，确实堵住了一些账务管理上的漏洞，并沿用至今。

大肆 함부로, 제멋대로　**东窗事发** 못된 모의가 발각되다
串通 결탁하다　**中饱私囊** 중간에서 사리사욕을 채우다
充边 변방을 채우다

54 曾经有过妇女缠足的恶习

缠足，俗称"裹小脚"，是把女子的脚用长布条缠扎起来，使其长得又小又尖的一种封建陋俗。令人难以想象的是，这种摧残妇女的陋俗，在漫长的封建社会里，成为女子审美的一个重要条件，并被美称为"三寸金莲"。对于它的起源，至今没有令人信服的定论。

据说缠足始于五代十国时期。那时候，南唐后主李煜有一歌伎叫窅娘。她姿态艳丽、能歌善舞，李煜宠爱有加。一日，李煜与窅娘在荷花池边游玩。

但见池内莲花朵朵，红菱只只，一片诗情画意。李煜随口说道："要是人的脚能像红菱那样在莲花上舞蹈，那该有多美呀！"窅娘听了，心中一动。回到宫中，她强忍疼痛，天天用白绫紧裹双足。

冬去春来，窅娘的脚终于"像红菱般美丽"了。然后，她又穿上浅色袜子开始练习跳舞。可是由于脚的畸形，跳起来疼痛难忍，不得不东扭西歪。窅娘想，这样跳舞岂不是更能显得身姿的轻盈吗？果然，李煜见了，大加赞赏。窅娘用一双小脚讨得了李煜的欢心。

自此之后，缠足之风在封建统治者的倡导下，代代相沿，愈演愈烈。至清代，缠足之风到了登峰造极的地步，女

84

子脚的形状和大小，成了评判女子美丑的重要标准。直至辛亥革命后，这种给中国妇女带来深重苦难的陋习，才被破除。

 登峰造极 최고 수준에 이르다

55 吸烟的由来

　　以前，欧洲人不知道什么叫烟草，更不知道吸烟。世界上最早吸烟的是居住在美洲的印第安人。

　　1492年，当哥伦布发现美洲新大陆时，他在一个岛上看见印第安人"在一个长管的一端燃烧着一种植物的叶子，另一端用嘴含住，并吐出一股雾"。

　　伊丽莎白一世时，华尔特·罗里爵士是个著名的旅行家，他周游列国学会了吸烟。在这之前，英国人从不吸烟，罗里每天都在自己的房间里偷偷地吸两袋烟，如果有人进来，他就马上把烟熄灭。

　　有一天，一个仆人突然闯了进来，他看到一团团烟雾从主人的头顶升起，顿时惊慌起来，立刻去提了一桶水，不由分说全浇在罗里的脑袋上。他还以为主人起火了呢！

　　此事传扬开来，以致惊动了英王伊丽莎白一世。于是英王召见罗里爵士，如欣赏杂技般地观看了他的吸烟表演。从此，吸烟之习渐兴，发展成为英国上层社会的时髦习俗。上有所好，下必甚焉。

　　从达官显贵之辈到穷乡僻壤平民，都以喷云吐雾为快事。从那以后，许多人学会了吸烟，吸烟之习在许多国家传播开来。

烟草传入中国，大约是在17世纪。由水手们从南洋、菲律宾带回烟草种子传到福建、广东一带，北方地区则从日本、朝鲜等国传入。到17世纪末，吸烟草的风习已在中国全国全面展开了。

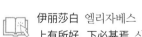
伊丽莎白 엘리자베스
上有所好，下必甚焉 상류계층에서 유행하면, 그 영향력이 엄청나다

56 做贼心虚

　　有两个小偷去一家偷东西。他们把墙掏了个洞，一个钻进去，另一个在外边望风。这家老鼠多，常常在墙洞里钻来钻去。

　　这天晚上，这家的两口子还没睡着，女人借着月光看见从墙洞钻进一只老鼠来，她推推男人说："你看，进来一个。"这么一说，可把进来的小偷吓坏了，慌忙钻了出去，对外面的那个小偷说："这屋里的女人真厉害，我一进去她就发现了。"

　　在外面的那个小偷不相信地说："大概是说梦话吧，来，咱俩一块进去看看。"这两个小偷便一起钻进去了。

　　这时，正巧又有两只老鼠钻了进来，那女人又说："看！又进来两个，快起来，把他们抓住。"两个小偷一听，急忙钻出来逃跑了。

　　第二天，两个小偷想看看那个厉害女人长得什么样，就挑着一担红薯到这家门前叫卖。这家两口子正在地里犁田，牛把绳套拉断了，男人叫女人回家去拿根绳子来。

　　女人回到家中，见有卖红薯的，就在红薯筐里挑来挑去，挑了两只像老鼠一样的红薯。男人在地里等不及了，跑回来催她。女人看见男人来了，便举着红薯跟他说："你看！

多像昨晚那两个。"小偷一听害怕了。那男人又焦急地说。
"你还不快把绳子拿出来!"小偷一听以为要捆他俩,吓得丢
下了红薯,逃跑了。

 **望风** 동정을 살피다　**绳套** 고삐를 묶는 새끼줄의 매듭

57 随机应变的效果

有一个故事说，兄弟俩带着一船烧得极其精美的陶瓷罐子，去一个大城市的高档市场上卖。一路颠簸辛苦，就在船快要靠岸的时候，遇上了大风暴。一场惊涛骇浪之后，两个人精疲力竭，命是保住了，可船靠岸一看，几百个瓷罐一个完整的都没有了，全都碎了。

哥哥坐在船头号啕大哭，说："这些罐子每一个都是精心烧制出来的，罐子上面的纹路、图案都漂亮极了，我们所有的心血都白费了。到一个大城市，破罐子可怎么卖？我们就是修修补补、粘粘贴贴，也卖不出去了啊。"

在他大哭的时候，弟弟上岸了。弟弟到最近的集市上转了一圈，发现这个大城市人们的审美艺术趣味都很高，不管是咖啡馆、商场，还是家庭，都特别重视装修。他拎着把斧子回来了，叮叮当当把破罐子砸得更碎。哥哥非常恼火，问："你干什么呢？"弟弟笑着说："我们改卖马赛克了。"

兄弟俩把所有的碎片卖到装修材料店。因为罐子本身设计特别精美，所以打成碎片以后特别有艺术感。大家一看碎片非常不规则，又这么漂亮，都很喜欢。结果这些碎片作为装修材料卖了一大笔钱。兄弟俩高高兴兴回家了。这个故事说明了什么呢？说明了权变的重要性。也就是说，当完整的陶罐不复存在的时候，就让它们破碎到极致，换个方式去卖。这不是换一种思维方式吗？有时候，思路的转换也是一种智慧。这是在学问做到极致以后才能获得的智慧，这就是一种权变。

颠簸 흔들리다　号啕 통곡하다　马赛克 모자이크　权变 임기응변

58 清正廉洁的晏婴

　　大家都知道晏婴吧？他在齐国做大夫的时候，正直廉洁，一直是劣马拉着破车上朝，根本不用什么宝马香车。齐景公看在眼里，就很奇怪，问他："是不是我给你的俸禄太低啊，你为什么就这样破车劣马上朝呢？"

　　晏婴说："仰仗君上您的恩赐，我的家室都能安顿，我的朋友都有依靠，生活一切都不错，有这样的破车劣马每天拉着我来上朝，我已经很知足啦！"

　　齐景公想，这晏婴说的是不是谦辞啊？齐景公专门找了华丽的车马，派一个叫梁丘据的人给晏婴送去。梁丘据把车马送到晏婴府上，晏婴就退回来，再送去，再退回来，往返了好几次。

　　这时候，齐景公脸上有点挂不住了，就把晏婴找来问："你这是什么意思啊？如果你一定坚持不坐华丽的车马，那不是逼着寡人也不再坐这样的车马了？"

　　晏婴很诚恳地回答："我们现在世道太平，老百姓衣食富足，但是富足之后，最怕的是他们失去了廉耻之心。光有外在的奢华，是不能够让一个清明世道长久下去的。

　　那些华丽的车马，您可以坐，其他高官也可以坐，只不过我是不想坐，因为国家委我重任，让我卜临百官，那么我就要以身作则，不然我怎么能够要求别人清廉呢？我有破车劣马来代步就已经足够了，千万不能因为我的奢华而让百官、百姓失去了廉耻之心。"

齐景公一听，大为感叹。

 仰仗 덕분에　**脸上有点挂不住** 부끄러움에 표정관리가 안된다

59 问其两端来统观全局

　　凡事在你眼前，你就问问自己，最好能怎么样，最坏能怎么样？然后你才可以决定怎么做。这叫"叩其两端"，就是问它两端的极值，然后来统观全局。

　　这里要说到一个有名的故事。德国一所小学的课堂上，有一个小男孩特别淘气，从来不认真听讲，老师实在太烦他了，为了让他安静一会儿，给他出了道题，随口说："你坐在那儿算，一加二、加三、加四、加五、加六，一直加到一百，你去算吧，最后得多少？"

　　老师转身接着讲课，没过几分钟，这小男孩站起来说是五千○五十。老师大吃一惊，问："你怎么算出来的？"那小孩说："一加一百是一百○一，二加九十九是一百○一，三加九十八还是一百○一，这样两头加，加到中间，五十加五十一还是一百○一，那么五十个一百○一不就是五千○五十吗？"这个小孩就是后来的大数学家高斯。

　　小高斯用的这个方法，就是一个特别简单的"叩其两端"的方法。我们会碰到许多问题，关键在于要找到一种最简便的解决方式。

　　在生活里，我们多容易按照既定的逻辑去走啊！我们能跳出来吗？只要我们问一问所谓最好和最坏的情况，也就跳出来了。我们按这样的思路去解决问题，就不至于在细节的纠缠中耗费太多细腻的心思。

 叩其两端 상반되는 양쪽 끝을 따져 묻다　**关键** 관건, 키포인트
纠缠 뒤얽힘

60 孩子也有成为大人的老师的时候

有一个哲学家，他每天都在思考人跟世界之间的关系。

有一次，他要做一个主题演讲，他很困扰，不知道怎么来把这个关系理顺。他准备演讲稿的时候，他几岁的小儿子在旁边不停地捣乱。

他没法安抚住这个孩子，烦得不行，就随手翻杂志。忽然翻到杂志的封底，是一个花花绿绿的世界地图，他就顺手把这一页撕下来，撕成了很多碎片扔在地上，跟孩子说："你现在把这张图画给拼上，能拼好就给你奖赏。"他给了孩子一卷塑料胶条。他想，这么大点的一个小孩，这个图够拼两个钟头的，这回可以安静了。

结果，还没有半小时，那小孩就拎着用胶条拼好的地图来了，说："爸爸，我把它拼好了。"

他一看，大吃一惊，竟然拼对了。这个孩子根本没有地理概念，他就问孩子是怎么完成的。

那孩子笑嘻嘻地把这个地图翻过来给他看，说："爸爸，我发现这面是一个人的头像，我是按照这个人头拼的。

我想，这个人如果是正确的，那么那个世界大概也就正确了。"

96

这个哲学家恍然大悟，他马上知道了第二天要演讲的主题：一个人正确了，他的世界大概也就正确了。

捣乱 혼란스럽게 하다　安抚 달래다　拼 하나로 맞추다　胶条 딱풀

61 安顿胜于成功

有的人过得很不开心，觉得自己有抑郁症的前兆，就去看心理医生。

他跟医生讲，我每天特别害怕下班，我在工作的时候一切正常，但是一回到家里就会感到惶惑。我不知道自己心里真正的愿望是什么，我不知道该选择什么，不该选择什么。越到晚上，我的心里面会越恐惧，越压抑，所以常常整夜失眠。但是第二天早上一上班，一进入工作状态，我的症状就消失了。长此以往，我很害怕会得上抑郁症。

这个医生认真听完他的倾诉后，给了他一个建议说，在我们这个城市里，有一个非常著名的戏剧演员，他的戏剧演得好极了，所有人看了以后都会开怀大笑，忘怀得失。

你是不是先去看看他的演出？等着上一段时间后，我们再聊一聊，看你这种抑郁症前兆是不是有所缓解，然后我们再来商量方案。听完医生的话，这个人很久很久没有说话。他抬起头来看着医生的时候，已经是满面泪水。他艰难地对医生说，我就是那个戏剧演员。

这好像是一个寓言，但这样的故事很容易发生在我们今天的生活中。大家可以想一想，当一个人已经习惯于自己的角色，在角色中欢欣地表演，认为这就是自己的理想，这就是成功的职业，在这个时候，还有多少心灵的愿望受到尊重呢？我们在角色之外，还留有多大的空间，真正认识自己的内心呢？这就是很多人离开职业角色之后，反而觉得仓惶失错的根源所在。

惶惑 두려움과 당혹감　压抑 답답하다　抑郁症 우울증　缓解 완화되다

62　三国人物多单字名的由来

打开古典小说《三国演义》，我们会发现三国人物多是单字名，如刘备、曹操、孙权、周瑜、关羽、张飞、赵云等等，这是什么原因呢？

问题出在王莽身上。西汉末年，王莽篡夺了政权，为了巩固统治，他大搞迷信和复古，还推行了一系列的所谓"新政"，曾有"今中国不得有二名"之举。

据《汉书·王莽传》记载：王莽的长孙叫王宗，慢慢地等，他是可以当皇帝的。可是这个王宗性子太急，等不得了。他自己弄了一套皇帝的衣冠，穿上让画师画了幅画像，还刻了3枚铜印，与其舅舅合谋，准备政变，推翻爷爷，自己做皇帝。

不料密谋不周，东窗事发。虽是亲孙子，这事也不能轻饶。王宗一看不好就自杀了。人虽然死了，"政治权利"也要剥夺。于是王莽下了一道命令："宗本名会宗，以制作去二名，今复名会宗。"王宗本来名是两个字叫"王会宗"，"制作"就是法令，是以法令后改成的"王宗"，现在犯了法，需再改回去，还叫原来的"王会宗"。

看来王莽之前，人名用字数是不受限制的。他上台后，曾以法律形式不准用双字名。人犯罪后，恢复二字名是以示惩罚的。这就造成了当时社会上以二字名为不光彩、低贱的观念认识。

从那时起，人们使用单字名的习惯竟然成了风气。直到西晋之后，这一现象才逐渐改变，二字名开始恢复起来。

63 阿凡提为何人?

说起阿凡提，人们脑海中就会闪现出一个骑着小毛驴的亲切而又幽默的形象。在中国，他因为是维吾尔族民间文学的一部分，所以人们一般认为他是维吾尔族人。

其实，阿凡提是一位"国际人物"，他全名叫朱哈·纳斯尔丁·阿凡提。他不仅在中国出名，而且在中亚的伊朗、阿塞拜疆、土耳其乃至阿拉伯各国，数百年来一直流传着他的轶事趣闻。

那么，阿凡提是哪国人？生活在什么时代？说法不一，很难考证。从阿拉伯国家出版的《朱哈轶事》来看，他是13世纪出生在土耳其，但在阿拉伯文辞典《蒙吉德》中，又说他是伊拉克的库法人，而在中国，人们几乎都认定他是维吾尔族人。

阿凡提是一位受人尊崇的诙谐大师，他德高望重，学识渊博，富有正义感，后人将他的故事和笑话编成了《纳斯尔丁先生的轶事》一书，在中国及一些阿拉伯国家广为传播，成为一个家喻户晓的人物。

"阿凡提"一词是个希腊词，表示一种荣誉，受人尊敬的称号。在维吾尔语是"先生"或"老师"的意思，在埃及、伊拉克等国沿用"阿凡提"称呼也很广泛，学生们把他们的校长、老师往往称某某阿凡提，亦即"先生"、"老师"之意。

 阿塞拜疆 아제르바이잔   **家喻户晓** 집집마다 알다

64 情人节的由来

2月14日是西方的情人节。情人节的另一名称是"瓦伦丁节",据说是为了纪念一位叫瓦伦丁的基督教圣徒。

公元3世纪,古罗马青年基督教传教士瓦伦丁冒险传播基督教教义而被捕入狱。瓦伦丁的反抗精神感动了监狱长和他双目失明的女儿,并得到了他们父女的悉心照料,姑娘并深深地爱上了瓦伦丁。两人纯洁的爱情使奇迹发生,姑娘恢复了视力。

姑娘竭尽全力来保护瓦伦丁,但是瓦伦丁并未因此而逃过死刑,终于在公元270年2月14日惨遭杀害。临刑前,瓦伦丁用自己的狱衣剪成心形、花瓣形、蝴蝶形的小片当做信笺,给姑娘写了一封长信,表白了自己光明磊落的信念和对姑娘的真诚爱情。姑娘读过信后,悲愤不已,也在这天殉情自杀了!为了纪念这对忠贞不渝的情人,罗马青年人便把每年的2月14日定为"青年节。"

另一种说法是,情人节是由古罗马时期的牧神节(2月15日)演变而来。据说鸟类在这一天开始交配。这是典型的生殖崇拜,中国历史上的商朝人就自称是"玄鸟的后代"。而西方人却把它看做是青春活跃自由恋爱的象征。

那时的风俗是，在牧神节期间，人们将写有姑娘名字的条子放在一个盒子里，青年男子从盒子里抽到谁，谁就会成为那位青年男子的情侣。因此，牧神节被视作生育和爱情的节日。

后来罗马教会便将这个节日与瓦伦丁节合而为一，日期也从2月15日改为2月14日。久而久之，"瓦伦丁"便成为"情人"的代名词。

瓦伦丁节 발렌틴 데이　信笺 편지지　光明磊落 광명정대하다

65 下金蛋的母鸡

　　小村庄里住着几户人家，每家都以耕田为生，每一户都养了牛、马，另外，也养了鸡、鸭、鹅，以作为副业。

　　住在村庄最东边的一户人家很特别，因为，他们家除了牛之外，只养了一只母鸡，这只母鸡每天都会生一个金蛋。所有的人都不知道这只母鸡为什么会生金蛋，因为它的样子和其他母鸡并没有什么不同。因为会生金蛋，农夫和妻子都将这只母鸡视为宝贝！

　　靠着这只会下金蛋的母鸡，农夫家的经济状况有了相当大的改善，破旧的小茅屋变成了坚固的木造房子；农田的面积也增大了。

　　照目前的情景看，美好的日子似乎马上就要到了，夫妻两人也在畅想着美好的未来……有一天，妻子和往常一样捡起母鸡下的金蛋，突然，他萌生了一种想法："为什么母鸡每天都会生金蛋呢？莫非在它肚子里有很多金子？"妻子把自己的想法告诉了丈夫，丈夫听完一边点头一边说："你想的还真有道理，可能真的是这样的！"

　　丈夫说完，想了一会儿，对妻子说："如果我们把母鸡杀了，不就可以拿到它肚子里的金子了吗？""对呀！对呀！"妻子兴奋地回答丈夫。夫妻俩被金子冲昏了头，他们也没有多作考虑，抓起母鸡，二话不说就把母鸡给宰了！"金子呢？金子呢?"他们切开母鸡的肚子，迫不及待地寻找着金子。但是，这只母鸡真和普通的母鸡一样，肚子里面什么金子也没有！

这时，夫妻俩才傻了眼。他们连每天原有的金蛋也没了。

畅想 자유로이 상상하다 莫非 설마 ~은 아니겠지? 萌生 자꾸 떠오르다
冲昏 이성을 잃다 二话不说 두말이 필요 없이 傻眼 눈이 휘둥그레지다

66 压岁钱的由来

除夕之夜，长辈往往要给孩子们一些"压岁钱"，这一习俗的由来，也有一个有趣的传说。

传说古时候有一种身黑手白的小妖，名字叫'祟'，这小妖面目狰狞，长得十分可怕，每逢年三十夜里出来惊吓小孩。它用手在熟睡的孩子脑门上摸三下，小孩就会吓得不停地哭，发高烧，讲呓语，几天后就会退烧，但孩子变得呆头呆脑。人们怕祟来伤害孩子就点亮灯火团坐不睡，称为"守祟"。

当时嘉兴府有一户管姓人家，夫妻俩老年得子，视为掌上明珠。到了年三十夜晚，他们为了防止祟来伤害孩子，就逗着孩子玩。孩子用红纸包了8枚铜钱，拆开了包上，包上了又拆开。一直玩到睡下，包着的8枚铜钱就撒落在枕头一边。

半夜时刻，一阵风吹灭了灯，小妖鬼鬼祟祟地溜了进来，正要用它的手摸孩子头时，突然枕边迸出一道闪光，小妖急忙缩回手，尖叫着逃跑了。

管氏夫妇把这事告诉了大家，人们纷纷效仿，也包几枚铜钱在小孩枕头一边，果然，祟再也不敢来伤害小孩子。

原来，这8枚铜钱是八仙变的，在暗中保护孩子把祟吓跑。因而把这钱叫"压祟钱"。'祟', '岁'谐音, 天长日久, 就把'压祟钱'称为'压岁钱'了。

　　现在, 长辈给孩子们压岁钱是对晚辈的关怀, 也是送给孩子们的一份情感。

67 上厕所的雅称有哪些？

一说"解手"，人们都知道是大小便的雅称，那么这个雅称是怎么来的呢？明洪武、永乐年间，为解决许多省份地广人稀、地狭人稠的现象，太祖朱元璋、成祖朱棣多次下令大规模移民。但人们谁都不愿离开土生土长的家乡故土，朝廷只好实行强制移民。那时的山西洪洞、临汾、蒲绛等地人民要移往河南、山东、河北、陕西一带。

每次迁移均以万户计，为防止移民们逃跑官兵们把他们反绑起来，并再用绳索连成一串，使其鱼贯而行。路上有人要大小便，便向官兵请求："老爷，请解手。"便后再重新捆绑。这样次数多了，移民们只要说"我要解手"就知道是要大小便了。

久而久之，"解手"就成了上厕所的专用语了。又因解绳索松手臂以"方便"于大小便，便由"解手"演变为"方便"，并由此产生了上厕所为"方便方便"之文明用语。"方便"亦为上厕所之代名词。

上厕所还有一雅称"上1号"，其由来亦有一则趣闻。据说20世纪40年代，南京建康路邮局的对面有一座公共厕所，厕所临街的墙上有一醒目的编号"001"。一天，一位女同胞去厕所方便，正遇一位男士。这位男士不知这位女人要去厕所，只是礼貌地问她去哪儿。这位女同胞不好意思说去厕所，她看到墙上的牌号"001"，便灵机一动，回答说"上1号"。这种即简单上口又文雅的叫法，很快被人们接受并流行开来。开会时或与男士们在一起时，女同胞往往举食指示意邀伙伴同去，被邀者一看就明此意。

 鱼贯而行 (두룹에 엮인 조기처럼) 한 줄로 줄지어 가다 **上口** 입에 올리다

68 可口可乐的由来

可口可乐具有刺激可口、益气壮神之功效，并誉有世界第一饮料的美称。可口可乐是1886年5月亚特兰大一位名叫约翰·彭伯顿的业余药剂师配制成功的。

这种饮料以古柯(coca)和柯拉(cola)籽作基本原料，炼制成一种有一定疗效的健脑药汁，并且有提神作用，这便是美国最初上市的可口可乐。

可口可乐作为一种药品，起初也不含气体，销量也微乎其微。一天，一名头痛患者来到店内，要求店员当场给他配药服用。

这个店员配好后，不是向瓶内注入一定份额的自来水，而是注入错拿的可乐。那位患者深呷一口，不禁连声叫起"妙"来。他连喝了几杯后感到浑身轻松了许多。谁也不曾料想到，一名店员的疏忽大意，才改变了可口可乐的"命运"，竟奇迹般地从一种普通药剂摇身一变成为风靡全球的饮料。

后来，彭伯顿的助手罗比森建议将这种饮料称为Cocacola，还以流畅的笔法书写了CocaCola商标字样，并一直沿袭至今。但这种饮料在中国并不叫可口可乐，20世纪20年代，CocaCola的中文名字叫"蝌蝌啃蜡"，因汉字的字面意思很像是某种软体动物晒干后制成的中药，令人生畏。

　　到了30年代，有位在英国留学的中国留学生在公司公开征集名称时写下了"可口可乐"四个汉字，从此这个中文名称成为经典音译，并使用至今。

销量 판매량　**疏忽大意** 부주의로 인한 실수　**经典** 전형적으로 잘 된

69 名不符实

古时候，有一个年轻人叫齐奄，他家里养了一只肥大的猫。齐奄特别喜欢这只猫，觉得它很不寻常，英勇威风，就像老虎那样，于是给它起名叫"虎猫"。有天家里来了好多人做客，茶余饭后就说起这猫来了。有个客人对"虎猫"这名字不怎么满意，于是就对齐奄说："老虎固然很勇猛，但不如龙有神威，不如就叫'龙猫'吧！"

齐奄刚想表示赞同，另一位客人说话了："龙的神威虽然超过虎，但龙要升天，必须乘云，云不就超过龙了吗？我看就叫'云猫'好了！"

还不等齐奄发话呢，又有一位客人紧接着说："云雾虽然能够遮天蔽日，但是风一吹就全散了，看来还是风的效力大，'风猫'应该更好一点！"

"风固然很厉害，但是大风刮起来，只有高墙能够挡得住，风哪儿比得上墙呢？就改叫'墙猫'好了！"齐奄都没有机会插嘴，索性不说话了，只好听客人们讨论。

听说要叫"墙猫"，还有一个客人坐不住了，他强烈反对道："墙是最结实的吗？高墙虽然很坚固，但是老鼠会在上面打洞啊，老鼠打洞能够使墙垮塌，所以还是老鼠最厉害了，

'鼠猫'最合适了，我看就不用选了。"

公说公有理，婆说婆有理，客人们都互相争论起来了，齐奄一时也拿不定主意，到底要给这只猫改一个什么样的名字。

村东头住着一位德高望重的老人，听他们这些人唧唧喳喳地争论着为猫改名字，而且还要叫"鼠猫"，不由地苦笑了。他义正辞严地对这些年轻人说："捕老鼠的就是猫嘛，叫什么'鼠猫'，'墙猫'，'风猫'的？猫就是猫，你们干嘛要故弄玄虚，人为地去掩盖他的本来面目呢？"众人听了，惭愧不已。

本来是一只猫，人们为了显示它的神奇，把它的名字改来改去，最后竟令人啼笑皆非地取了个"鼠猫"的名字。对一件事物的虚饰和夸张，只会使它失去本来面目，这就是名不符实。

公说公有理，婆说婆有理 서로 자기가 옳다 주장하다
唧唧喳喳 재잘재잘 **故弄玄虚** 아무것도 아닌 것을 대단한 양 말하다
啼笑皆非 울지도 웃지도 못하다

70 自取其辱的狐狸

　　狐狸是个坏心眼儿的家伙，总爱欺负捉弄其他的动物。这阵子狐狸闲得没事儿，他开始动歪脑筋了，这次被他挑中的是一只鹤了。狐狸去找鹤，郑重地邀请他第二天自己家里来吃饭，鹤很高兴地答应了。

　　第二天，鹤打扮得整整齐齐地来到了狐狸家。狐狸满面春风地请鹤进了屋，在餐桌前坐下来。晚餐端上来了，是鹤最喜欢的海鲜浓汤，那是由鱼、虾、蟹等熬成的，散发着诱人的香味儿。

　　狐狸说："别客气，请用餐吧!"鹤很高兴地低头要吃，才发现自己被捉弄了，因为汤是盛在浅平浅平的盘子里，鹤根本无法喝到! 看着鹤那张窘迫的、渴望吃汤的脸，狐狸得意极了，还故意大口大口地喝着汤。这顿晚餐，鹤什么也没有吃，他非常愤怒地却不落声色地回去了。

　　几天后，鹤来找狐狸，说要请他吃饭。狐狸对于捉弄其他动物早就成了习惯。因此，对于捉弄鹤的那件事，他早已忘得一干二净了，于是他理所当然地去赴了约。鹤一开门，屋里就飘出了浓浓的食物的香味儿，把狐狸馋得口水直流。

　　鹤将狐狸请上餐桌，餐桌上摆着两个窄口的长颈瓶，里面装着美味的豆子，鹤幽雅地将长嘴巴伸入窄口瓶，啄出美味的豆子，吃得津津有味。鹤说道："狐狸老弟，这些豆子既新鲜又有营养，好吃极了。你尽管吃，别客气！"狐狸饿得肚子咕咕叫，却一口也吃不到，这一回他可尝到了被捉弄的滋味了。

坏心眼儿 나쁜 심보　　窘迫 난처해하다　　馋 걸신들리다

孩子可以成为成人的老师

孩子的思想，有时候是直接而简单的，但是它可能最贴近真理。

有一个测试很有意思。一个热气球上面有三个人，它在上升过程中出了故障，必须舍弃一个人才能够确保另外两个人的生命安全。但是，这三个人都是世界顶尖的科学家：一个是环保学家，他能够保障这个世界的生态平衡；一个是核专家，他能够去抑止战争；还有一个是农学家，他可以保障我们的粮食供给。那么，这样三个人，你会舍弃谁呢？

按成人的逻辑，一直都在比较环保、和平与粮食哪个更重要。这时候一个孩子喊了一句："把最胖的那个扔下去！"这个答案是最简单的，但它是最合理的。

孩子有时候也会教给我们另外一种思考的方式。一个孩子跑回家，兴高采烈地跟他爸爸说："你知道吗？苹果里面藏着星星，你想要多少颗就有多少颗。"他爸爸想，这又是童话，就支支吾吾地说知道了。孩子说："不，我一定要你看见。"他就顺手拿过一个苹果，拦腰切了一刀。

苹果的横切面就是一颗星星的形状。孩子又切了一片，于是出现第二颗星星。孩子横着一片一片地切下去，他爸爸瞠目结舌地看到眼前的苹果里跳出一颗又一颗星星。孩子的发现是对的。对孩子来说，苹果里藏着星星，并不是一个童话，而是一个事实。

我们成人呢？吃苹果从来都是竖着把它剖开。我们不喜欢切横断面，所以从来不会想到苹果里藏着星星。

什么是"不耻下问"？有时候，孩子可以是成人的老师。"不耻下问"不见得一定是说我们向比自己学历浅、地位低的那些人去请教。很多时候，像孩子看世界一样，转换一种思维的方式，也许就会让我们学到更多。

 不耻下问 아랫사람에게 물어보기를 부끄러워 않다
支支吾吾 우물쭈물 **拦腰** 가로로
瞠目结舌 눈만 크게 뜬 채 말을 못하다 **舍弃** 버리다, 빼버리다

72 '感冒'一詞的由来

　　宋朝时的中央政府设有"三馆"和"三阁"。"三馆"即文馆、史馆和集贤馆，分别掌管国家的图书、经籍、修史等事宜。"三阁"即秘阁、龙图阁和天章阁，主要是收藏有关经籍、图书及历代御制典籍等。"三馆"和"三阁"统称为"馆阁"。

　　那时馆阁没有轮流值班制度，每晚安排一名阁员值宿。由于官场腐败，管理相当宽松，值班阁员擅离职守'开溜'成风。为给自己找借口，便在值班登记簿上写上"肠肚不安"四个字，且约定俗成。

　　一天轮到大学士陈鹄值宿，他在'开溜'前想，人人都千篇一律写"肠肚不安"，未免太俗套，于是他别出心裁地写下了"感风"二字。

　　感风是一个医学词语。宋代以前，中国医学对病因表述并不规范。南宋医理家陈无择首次将病因分为内因、外因和不内外因三大类，其中外因又分为六淫，即风、寒、暑、湿、燥、火等六种反常气候变化。

　　显然，陈鹄对陈无择的新学说有所了解，故而他在"六淫"之首的"风"前加了一个"感"字，感者，受也，意思是说他受到六淫之首"风"的侵袭，身体不适，故不能值宿。自此，陈鹄所创"感风"一词，被开溜者纷纷仿效使用，并为后世官场所沿袭。

　　明清二代，馆阁纳入翰林院，馆阁的衙门作风随之带入翰林院，并迅速蔓延到整个官场。官员们办毕公务多会请假休息，例称请"感冒假"。"冒"，透出也，"假"即假期，"感"乃"感风"一词的省略，"感冒假"即意为:本官在为该公务操劳之际，已感外淫，隐病而坚持至今，症状终于爆发出来，故不得不请假休息。清代以后，"感冒假"中除掉官场用语"假"字，"感冒"一词开始走出官场，并为医家专用。

値宿 숙직하다　宽松 느슨하다　找借口 핑계를 대다
別出心裁 그럴듯한 생각을 해내다

司马迁的尽孝方式

大家都知道，太史公司马迁一生用了很长的时间游历天下，又曾接受朝廷的命令出使西南。在父亲司马谈病重的时候，他在外漂泊多年终于回来。在父亲身边，他接受了一个伟大的使命。

司马谈这时快不行了，但他还有心事未了。他对司马迁说："我家先人是周朝的太史，从前名声显赫，后来家道衰落。现在我作为太史，处在当今天下一统、人才辈出的时代，可是我对这个时代却没怎么记载，心里真是不安啊！我死了以后，你一定要接替我做太史，继承我们祖上的职业。你一定不要忘记我要撰写的著作啊！"

司马谈又说："所谓孝，始于事亲，接着是事君，最后必能使自己扬名后世。扬名后世，以显父母，这是孝之大者。你记着我的话吧！"

司马迁哭着说："小子不敏，一定好好整理父亲已经记录的历史资料，不敢有所缺失。"

司马迁就这样接受了父亲的嘱托，最后写成一部大书——《太史公书》，也就是名传后世的《史记》。

我们看到，司马迁之所以能够去完成这样一部大书，一方面可以说是继承了其父司马谈的遗志，另一方面是他周游天下的经历使他开阔了视野，为这部大书奠定了基础。

所谓"游必有方"，不是毫无目的地漫游。只有类似于司马迁这样的游历才有助于人生见识的增长。所以，司马谈才放心地让司马迁壮游天下，也在临终前郑重嘱托司马迁继承自己的志愿。《史记》这部大书的问世，最终成就了司马迁在中国史学界的崇高地位，也彰显了其父司马谈对司马迁的巨大影响。

 嘱托 부탁 **彰显** 충분히 드러내다

74 白居易和四块石头

　　有些历史人物，大家可能觉得他们就是文人，但是其实他们都有过做地方官的经历，曾经治理过一方百姓。比如说，白居易，曾在杭州做官，他修堤，兴水利，让当地整个的经济发展起来，人民非常富足。后来调走的时候，白居易带走了什么呢？他仅仅从天竺山带了薄薄的两片石头，还写了一首诗，诗云："三年为刺史，饮冰复食蘖。唯向天竺山，取得两片石。此抵有千金，无乃伤清白。"

　　这首诗的意思是说，我在这个地方做了多年的刺史，操心政务，现在要走了，留一点记忆吧，那么就从天竺山上取得两块石头带走吧，这可抵得上千金，千万不要损害我多年为官的清白名声啊。

　　后来，他又做苏州刺史，临走的时候还是这个习惯，在洞庭湖边又找了两块石头。这两块石头很大，是抬着进府的。白居易将它们洗干净，一块石头做了他的琴架，另一块石头呢，估计是凹陷的，所以用来储酒。你看，琴棋书画，诗酒流连，这是一种文人的做派。

　　白居易拿得这两块石头，很高兴，写诗说："万古遗水滨，一朝入吾手⋯回头问双石，能伴老夫否。石虽不能言，许我为三友。"他说："这两块石头啊，多年以来一直被扔在洞庭湖边，而现在到了我的手里。它们虽然不能说话，但陪伴着我，我们三个就像是朋友呢。"白居易就是这样留一方大自然的信物，让自己的心情酝酿其中。

这就是中国知识分子为官时的品格。他希望得到的是什么呢？是清风明月，是一颗恒常之心，是为一方百姓做完实事之后的坦然，而不是要什么珠宝、财富。可以说，儒家思想中的德政理念对中国知识分子的影响非常大。

 凹陷 움푹 들어가다

75 经验和悟性的结合

　　1979年12月，美国气象学家洛仑兹在华盛顿美国科学促进会的演讲中提出一个著名的观点：一只蝴蝶在巴西振动翅膀，有可能在美国得克萨斯州引来一场龙卷风。这就是后来大家所说的蝴蝶效应。

　　为什么蝴蝶振翅能够引起那么遥远的龙卷风呢？因为这个世界上的事物都息息相关，事与事之间都有着微妙的联系。如果看不到这些联系，那就是你的悟性不足。

　　如果我们的悟性够高，我们的经验有时侯就能够教会我们找出最简单的方法，让一些复杂的问题迎刃而解。

　　我记得新中国成立初期有一个事迹介绍，很有意思。当时某研究所拿到一台苏联产机器，结构非常复杂。人们想要研究它，然而拆开机器后所有工程师都傻眼了。原来，机器里面有将近一百根管子，盘根错节，这一端有那么多管子的入口，那一端有那么多管子的出口，但中间管子跟管子是怎么连接的，谁都不知道。

　　大家一看，觉得不能接着拆了。所有的工程师对这台机器绞尽脑汁，但就是不知道它的结构。这时候，研究所一个看门的老人过来了，他只用了两样东西，就把这件事解决了。

哪两样？一个是他自己手里握着的大烟斗，另一个是他拿在手上随时在传达室小黑板上记事的粉笔。他过来后就吸足了一口烟，随便找一根管子，吐进烟去，然后看见那边有一根管子冒出烟来，他就在这头写了个"1"，在那头也写了个"1"。他又吸一大口烟，再朝一根管子吐进去，又一根管子冒出烟来，他在这头写上"2"，那头也写上"2"。接着这样做下去，最后他把这些管子的对应关系都弄清楚了。

老人解决了问题，凭的是什么？当然不是学来的知识。其实，这是在经验的基础上加上悟性才能够产生的一个实用的方法。什么是大智慧？这样的悟性就是。

龙卷风 회오리바람　**息息相关** 서로 상관관계가 있다
迎刃而解 순리적으로 문제가 해결되다

76 盲人识日

　　从前，有个人一生下来就双目失明，什么也看不见。从小到大他都是活在黑漆漆的，没有光亮的世界里。每当听到周围的人感叹世间万物的美丽，色彩的绚烂多姿，他总是感到特别难受，因为自己只能尽最大的能力去想象那一切的美好。

　　转眼间十八年过去了，这个人已经长成一个英俊潇洒的年轻人了。虽然自己的生活总是被单调的黑色填满，但他很向往温暖的阳光，他是那么朝气蓬勃，乐观进取。他想努力地去了解五彩斑斓的世界，哪怕是在自己的想象里。于是，他很虚心地向别人求教。

　　首先，他想知道万物之源的太阳是什么样的？他问农田里插秧的老爷爷，老爷爷回答他说："太阳啊，就像一个大铜盘一样挂在天上，东升西落。"大铜盘？年轻人知道啊，自己家里就有。回家后，他还是看不到铜盘的样子，只好敲敲铜盘，听听它的响声。后来碰巧听到了寺庙里敲钟的声音，和铜盘的声响一样，他理所当然地就以为钟就是太阳了。

　　有天他又问一个小孩，太阳是什么样的？小孩想了想，告诉他说："太阳光很亮，就像黑暗里的蜡烛一样，闪闪发光。"蜡烛？回家后他就让妈妈给他找了根蜡烛，他看不到蜡烛的光亮，只好把它拿在手里，仔细地摸了摸，他明白了，蜡烛是细细长长的圆圆的棒子。再后来，他又摸到了一支竹笛，和摸蜡烛的感觉一摸一样。"原来太阳就是这个样子啊！"他非常地开心，他认为竹笛就是太阳了。

太阳与钟、竹笛相差太远了，但是年轻人为什么会感觉不到它们之间的区别，将它们混淆呢？原因就在于他是盲人，根本没有亲眼见过太阳，只是向别人打听的缘故啊。

认识来源于实践，不通过实践，只依靠别人的只言片语来作判断，必然会得出错误的结论。其实，盲人对太阳有错误的认识，并不可笑。可笑的是，我们许多"有眼睛"的人，却像盲人一样，片面地看问题，这就是不可取的了。

 只言片语 일언반구

77 买椟还珠

　　很久以前，楚国有个自认为很聪明的商人，有一次，他到邻国郑国去卖珠宝。为了他的珠宝能够卖个好价钱，他特别花费了一番心思在装宝珠的盒子上面：那盒子是他特地找来的巧匠挑选的上好的木兰做的；盒子做得古色古香的，还在盒盖子上雕刻上精美的花纹；并给盒子嵌上各种珠玉，配上好看的玫瑰石，用翡翠镶边；不仅如此，他还用桂、椒一类香料把盒子熏得芳香扑鼻；最后才放入贵重的珠宝。这样一来，他的宝珠被包装得美轮美奂，光彩夺目。

　　到了郑国后，有个人来到他的摊位前，看来他完全被漂亮的盒子吸收了：他拿起盒子细细地欣赏着，轻轻抚摸着盒盖上的花纹和镶嵌的珠玉；打开盒子，芳香的香气扑鼻而来，他似乎都陶醉了；嘴里自言自语不停地说着："漂亮，精致，美丽！"说话间，随手就掏出了一贯钱，说他要买一个。楚国商人非常开心，恭恭敬敬地将装了宝珠的盒子递给了郑国人。

　　本以为郑国人拿着宝珠就离开了，谁曾想，他竟然打开盒子要将宝珠取出来还给珠宝商人。楚国人非常惊讶，连忙解释说："这位仁兄，我是珠宝、盒子一起出售的，不单卖盒子。"郑国人一点也不惊讶，他振振有词地说："盒子比珠宝漂亮多了，我要买的就是这个盒子，宝珠还给你好了！"说罢，便轻松地拿着盒子离开了。

楚国商人完全傻眼了，他张着嘴竟然一句话也说不出来了，不知道他是后悔对盒子花费太多心思呢，还是吃惊竟有这样买宝珠的人呢？

卖宝珠的楚人过分讲究形式，以至形式胜过了内容，导致了事与愿违的结果。这则寓言讽刺了那些办事主次颠倒、不辨轻重的人。但从另一角度看，那个郑国人只重外表而忽略内容，也是不可取的。

玫瑰石 장미석영　美轮美奂 새집처럼 아름답다　嵌上 박아 넣다

78 智慧和聪明之间的区别

　　法国曾经出过一道智力测验题，有奖征答。测验题说，如果卢浮宫不幸失火，这个时候你只能从里面抢出一幅名画，你将抢哪幅画？

　　人家纷纷来作答，绝大部分人都集中在《蒙娜丽莎》上，要抢肯定抢这幅画。但是，这个大奖最后被法国当时的一位大作家拿走了。他的答案是什么呢？他说，我抢离安全出口最近的那幅画。

　　《蒙娜丽莎》在哪儿？去过卢浮宫的人都知道，它在二楼的一个大厅里，而且是一幅不大的画。我们想想，要是真着火了，一片浓烟中，别人往外逃生，你逆着人流往二楼跑，估计你还没摸着《蒙娜丽莎》那幅画就已经被烧死了。在这种情况下，你应该怎么办？说起来很简单，第一步是要找到安全出口，要让自己能够从火海中逃出来，第二步就是你能随手抢哪幅画就抢哪幅画。这是大智慧啊！有一个身价亿万的富孀，特别惜命。她要招聘司机，条件是这个人的技术一定要好。她的管家给她千挑万选，最后在全国挑出来三个司机。这三个人水平不相上下，技术都是绝对一流的。

　　管家定不下来，把三人带到老太太面前说："您自己定吧。"这个老太太问了他们仨同一个问题：如果我们现在出去，前面是悬崖，凭你的技术，能够把车停在离悬崖多远的地方？

第一个司机马上回答："我技术好，我能稳稳当当把车停在离悬崖一米远的地方。"

第二个司机就说："我技术比他还好，我能停在离悬崖三十厘米的地方。"

第三个司机想了一会儿说："我大老远一看见悬崖就停车，我不过去。"

结果，被老太太录用的司机是第三个人。为什么呢？答案就在三个人的态度上。前面两个司机靠着技术逞强，难免不会出事。第三个司机知道什么最重要，那就是安全，所以他不会把技术当作炫耀的资本。这就是大智慧和小聪明之间的区别。

📖 **不相上下** 우열을 가리기 어렵다　仨sā 셋

79 曾子杀猪

　　古时候，有个叫曾子的人。有一天，他的妻子要去集市上买东西，家里年幼的孩子吵着闹着要一起跟着去。集市上人多，妻子担心照顾不好孩子，便哄小孩说："乖乖在家里玩，妈妈回来了，杀猪给你们煮香喷喷的肉吃！"小孩子一听可以吃到只有过年才吃的美味，心里一高兴，也就不哭不闹了。

　　半响过去了，妻子从集市里回来了，刚进家门，她就看见，曾子正抓住家里那只还很年幼的小猪要杀。她很着急，冲过去夺下他手中的刀，气愤地指责说："你疯了吗?这猪才多大啊！我们可指望着它长大来改善我们的生活呢！为什么现在就要杀它呢?"

　　曾子也很气愤，他不平地说："是你答应小孩子，回来了要杀猪给他们吃肉的啊！"

　　妻子一听，扑哧一声笑了，她说："我只不过是在哄小孩子玩，你怎么就当真了呢?"

　　曾子脸色一下子就变了，他很严厉地对妻子说："这怎么能哄他们呢?他们心中可都是当真了啊，对你充满着希望，你能感受到他们盼望你归来的急切心情吗?"

妻子也突然感到惭愧了，她收回了笑容，她注意到了孩子们那期待的眼神，好像也觉察到他们听说吃不到肉的失望。

曾子接着说道："最重要的是我们大人都是孩子的表率，他们不懂事，处处会模仿父母，听从父母的教导。今天你欺骗他，就是教他学你的样子骗人。做母亲的欺骗自己的孩子，那孩子就不会相信自己的母亲了。这可不是教育孩子的好办法啊！"

妻子听着听着心中更内疚了，她不再阻挠曾子杀猪了，而是帮助他一起为孩子们准备了顿丰盛的晚餐。孩子们甭提有多高兴了。

父母的一言一行、一举一动，都会对孩子产生极大的影响，孩子都可能跟着学。所以，家长的以身作则是教育好子女的保证，要随时随地把身教与言教结合起来。

哄 달래다, 어르다　扑哧 pūchè 푸하하　当真 사실로 여기다
表率 모범, 귀감　内疚 부끄러워하다　阻挠 저지하다

80　荆人畏鬼

　　古时候，楚国有个人，他非常怕鬼，堂堂一个七尺男儿，晚上也不敢一个人出门；即便是待在家里，天一黑也要马上把灯点上，灯火通明才可以。不仅如此，听到干枯的树叶落地，或者蛇和鼠爬行的声音，他也总觉得是鬼在动。慢慢地，他非常怕鬼的事情传遍了街坊四邻，也传到了小偷的耳朵里。

　　小偷心想，这可给自己创造了一个绝佳的机会。夜深了，小偷跑到他家去，爬到他家的墙头上，看到怕鬼的那人还没有睡觉，就借着风声，发出凄厉古怪的叫声，幽幽怨怨的，仿佛真像那冤死的鬼魂在哭。楚人非常害怕，他吓得瑟瑟发抖，钻到被窝里，用被子蒙住了全身，紧闭着眼睛，浑身冰凉。小偷一看没有了动静，又试着装了几次鬼叫，那人早吓得瘫在被窝里晕过去了。小偷蹑手蹑脚地走进了他家里，搜罗了他家所有值钱的东西，见他还是没有反应，便大摇大摆地离开了。

　　第二天，日上三竿了，楚人才睡醒了过来，这才发现家里已经被人洗劫一空了。有人知道他怕鬼，就跟他开玩笑说："你们家的东西是被鬼偷走的。"想想昨天晚上的恐怖情景，楚人竟然把这诂当真了，他对有鬼来他家偷东西的说法深信不疑。从此之后，他胆子更加小了，待在家里哪里也不敢去了。

不知过了多久了，那个小偷又去别人家偷东西，被人家抓了个现行；衙门的人去小偷家查他偷得的赃物，顺便发现了楚人家的东西也是被这个小偷给偷走的。大家很高兴地拿着东西归还给楚人，也想借此劝说他不要再相信鬼怪了，因为鬼怪根本就不存在。

没想到，楚人拿到自家的失物，并没有很高兴，而是忧虑地说："果然是给鬼偷走了啊，他偷走我家的东西竟然送给了小偷！"街坊四邻这下傻眼了，面面相觑，都不知道说什么好了。

主观迷信会使人陷入某种盲目的境地，就是常说的鬼迷心窍。这种盲目性很容易被坏人抓住并加以利用，甚至身受其害也不知觉醒。

 凄厉古怪 스산하고 괴이하다　**瘫** 움직이지 못하다
蹑手蹑脚 발소리를 죽여 살금살금　**日上三竿** 해가 중천에 뜨다

81 '乱七八糟'的由来

"乱七八糟"形容乱得不成样子，毫无条理和秩序。这个人人皆知其意的成语却起源于两起重大的历史事件。

楚汉相挣时期，刘邦曾把一些掌握重兵的将领分封为王。西汉建立后，这些异姓王的势力逐渐膨胀起来，并严重影响到中央集权的巩固。御史大夫晁错看到局势的危险，向汉景帝建议"削藩"，引起了各诸侯王的强烈不满。吴王刘濞串通楚、赵、胶东、胶西、济南、淄川等六个王，于公元前154年打着"诛晁错，清君侧"的旗号，联合起兵叛乱。景帝中计，错杀晁错，但刘濞等仍不退兵，最后令太尉周亚夫率军平息了这场叛乱。史称"七国之乱。"

公元290年，西晋晋武帝司马炎去世，他的儿子司马衷继位称惠帝。司马衷除了享乐以外，什么事也不懂，大权落入他的外祖父杨骏手中。但惠帝后贾南风野心勃勃，又有心计，欲掌皇权。公元291年(元康元年)3月，贾后设计杀死了杨骏，逼死杨太后，由朝廷推举汝南王司马亮掌权，贾后仍未有实权。贾后利用司马玮和司马亮的矛盾，又设计杀死了司马亮，以图谋不轨的罪名将司马玮处死，贾后得以主持朝政。

公元299年(远康9年)12月，贾后又杀死惠帝长子(不是贾后生)，引起了诸王怨恨。次年4月，赵王司马伦借口为太子报仇，杀死贾后，废掉白痴皇帝司马衷，自立为帝。这又引起其他一些王的强烈反对，先后又有5个王参入了这场叛乱。

这些人像走马灯似地一个个登台，又一个个被杀掉。直到公元306年(光熙远年)晋武帝司马炽登基结束了16年的叛乱。

因为先后有八个王参入叛乱，所以史称"八王之乱"。这次叛乱比西汉"七国之乱"给人民带来的灾难更加深重，将社会搞得一团糟。后来，人们把这两次动乱联系起来，便逐渐产生了"乱七八糟"这一成语。

一团糟 일이 엉망으로 얽히다

82 推翻权威理论的实验精神

　　伽利略是17世纪意大利伟大的科学家。他在学校念书的时候，同学们就称他为"辩论家"。他提出的问题很不寻常，常常使老师很难解答。

　　那时候，研究科学的人都信奉亚里士多德，把这位两千多年前的希腊哲学家的话当作不容更改的真理。谁要是怀疑亚里士多德，人们就会责备他："你是什么意思？难道要违背人类的真理吗？"

　　亚里士多德曾经说过："两个铁球，一个10磅重，一个1磅重，同时从高处落下来，10磅重的一定先着地，速度是1磅重的10倍。"这句话使伽利略产生了疑问。他想：如果这句话是正确的，那么把这两个铁球拴在一起，落得慢的就会拖住落得快的，落下的速度应当比10磅重的铁球慢；但是，如果把拴在一起的两个铁球看作一个整体，就有11磅重，落下的速度应当比10磅重的铁球快。这样，从一个事实中却可以得出两个相反的结论，这怎么解释呢？

　　伽利略带着这个疑问反复做了许多次试验，结果都证明亚里士多德的这句话的确说错了。两个不同重量的铁球同时从高处落下来，总是同时着地，铁球往下落的速度跟铁球的轻重没有关系。伽利略那时候才25岁，已经当了数学教授。他向学生们宣布了试验的结果，同时宣布要在比萨城的斜塔上做一次公开试验。

消息很快传开了。到了那一天，很多人来到斜塔周围，都要看看在这个问题上谁是胜利者，是古代的哲学家亚里士多德呢，还是这位年轻的数学教授伽利略？有的说："这个青年真是胆大妄为，竟想找亚里士多德的错处！"有的说："等会儿他就固执不了啦，事实是无情的，会让他丢尽了脸！"

伽利略在斜塔顶上出现了。他右手拿着一个10磅重的铁球，左手拿着一个1磅重的铁球。两个铁球同时脱手，从空中落下来。一会儿，斜塔周围的人都忍不住惊讶地呼喊起来，因为大家看见两个铁球同时着地了，正跟伽利略说的一个样。这时大家才明白，原来像亚里士多德这样的大哲学家，说的话也不是全都对的。

83 完璧归赵

　　当年赵王得到价值连城的和氏璧，秦王想设法夺过来。于是他派使者告诉赵王说，我愿意用十五座城池来换这块璧。赵王知道秦是虎狼之国，这块璧一旦拿到秦国就没有办法再拿回来。蔺相如说，"如果我们不去的话是自己理亏，我带着这块璧去，如果不能换回城池，我豁出命来也不会让它落在秦王之手，有我在就有这块璧在。"

　　等蔺相如带着和氏璧来到秦国，秦王就随随便便在偏殿接见，并让大臣、美人嘻嘻哈哈地传看这无价之宝。蔺相如一看就明白了，这块玉在这里不受尊敬，就像赵国不受尊敬一样，要拿回来是很难的事情。

　　于是他就跟秦王说，"大王，这块美玉是有瑕疵的，你给我，我指给你看。"等秦王把这块璧还到他手里，蔺相如退后几步靠在柱子上，怒发上冲冠，持璧而立，跟秦王说，"你在这样一个地方迎接这块玉，是对宝玉、也是对赵国的不尊重。

　　你知道我们来之前，焚香顶礼，斋戒十五天，以示对秦国的尊重。

　　我奉玉而来，而你随便把这块玉传与大臣、美人，这样一个懈慢的态度就让我知道，你们不是真正想要用城池来换和氏璧的。如果你真要这块玉，你也要像我们一样斋戒焚香十五天，而且你要先把城池划给我们，我才能够再把这块玉给你。不然的话，我的头和这块玉现在就同时撞碎在你金殿的大柱上。"秦王害怕了，赶紧答应了他的要求。

蔺相如知道秦王不会履行诺言，所以连夜让家人带着这块美玉逃回了赵国。他自己则留下来，最后跟秦王做一个交代。他对秦王说，"我知道你没有真正给我们城池之心，现在完璧已经归赵了。"

84 千锤百炼带来的境界

在一座佛寺里供着一个花岗岩雕刻的非常精致的佛像，每天都有很多人来到佛像前膜拜。而通往这座佛像的台阶也是由跟它一样采自同一座山体的花岗岩砌成的。

终于有一天，这些台阶不服气了，它们对那个佛像提出抗议说，你看我们本是兄弟，来自于同一个山体，凭什么人们都踩着我们去膜拜你啊？你有什么了不起啊？

那个佛像淡淡地对它们说，因为你们只经过四刀就走上了今天的这个岗位，而我是经过千刀万剐才得以成佛。

孔子所说的从十五岁到七十岁的六个人生历程，即志于学、而立、不惑、知天命、耳顺、从心所欲等六个阶段，对于我们来说，也是值得我们参照的一面镜子。

我们看孔子所描述的人生境界，越到后来越强调内心，越到后来越从容和缓，而在这从容之前，其实是要经历千锤百炼的。

英国的科学家公布过一个实验：他们为了试一试南瓜这样一种普普通通的廉价的植物生命力能有多强，就在很多很多同时生长的小南瓜上加砝码，砝码的重量就是小南瓜所能承受的极限。

这样，不同的南瓜压不同的砝码，只有一个南瓜压得最多。从一天几克到几十克、几百克、几千克，这个南瓜成熟的时候，上面已经压了几百斤的重量。

最后的实验是把这个南瓜和其他南瓜放在一起，大家试着一刀剖下去，看质地有什么不同。当别的南瓜都随着手起刀落噗噗地打开的时候，这个南瓜却把刀弹开了，把斧子也弹开了，最后，这个南瓜是用电锯吱吱嘎嘎锯开的。它的肉果的强度已经相当于一株成年的树干！

这是一个什么实验呢？其实就是一个生命实验，这就是我们现代人所处的外在环境跟我们内在反张力最好的写照。

膜拜 부복하여 절하다　砝码 저울추　噗噗pū 퍽퍽

85 惊弓之鸟

　　战国时期，魏国有一位有名的将领叫更赢，他并不是勇敢无畏的勇士，但却聪明过人，观察力也比常人更敏锐一些。

　　有一天，更赢陪同魏王到练兵场视察军队操练。走到一个高台子下边的时候，更赢听见了悲惨的大雁声，抬头一看，天空中正有一只大雁在慢慢地飞翔。它飞得很低，叫声凄厉悲惨。魏王并没有注意到这些，他还在专心地看士兵们的操练呢。

　　更赢觉得有趣，便微笑着同魏王说："大王，您看天空中那只雁，我可以不用箭就把它射下来。"魏王回过头来看看更赢，又仰头看看那飞翔的大雁，疑惑地对更赢说："这怎么可能呢？难道你射箭的功夫已经达到不用箭的地步了吗？"更赢说："平时得用箭，但今天可以不用。"

　　魏王非常感兴趣，他也想看看更赢是如何不用箭射下那只雁的。说话间，已经有人准备好了弓箭，只见更赢放下箭，只拿起弓。站定姿势，面朝着大雁，一手托着弓，另一手拉了一下弦，就听"嘭"的一声，那雁应声便从空中掉了下来。

　　魏王眼睁睁地看着它掉到了自己的脚下，他大吃一惊。

瞪大双眼，疑惑地问更赢："你射箭的本领怎么能达到这样精湛的地步?"更赢摇摇头，谦虚地笑着对魏王说："不是我射箭的本领高，是因为这只大雁；它是受过伤的啊。"

魏王更惊讶了，他不解地追问："雁在空中飞，你又是怎么知道的呢?"更赢继续解释说，"这只大雁飞得很慢啊，而且叫声很悲惨，这和平时是不一样的；飞得很慢，是因为它旧伤口作痛，叫声悲惨，说明他离开群雁很久了。旧伤没有痊愈，害怕的心情就还没有完全消失，听到弓弦的声响，以为有箭要射向它，就拼命地向上飞，引起了旧伤开裂，自然就从空中坠落下来了。"

魏王听他分析得头头是道，不得不暗暗佩服他细致的观察能力，后来许多国家大事的处理上，越来越重用更赢了。

凄厉悲惨 처량하고 비참하다　头头是道 죄다 사리에 맞다

86 防患于未然

古时候，有个人建了新房，邀请一个朋友去做客。朋友很高兴，进进出出，里里外外地参观着，时不时地赞叹新房的漂亮和舒适。

最后来到了新厨房里，他发现灶上那烟囱砌得笔直，灶旁还有很多柴草，离灶堂口特别近，一不小心就有发生火灾的危险。他马上对朋友说："你应该把烟囱改成弯曲的，柴草也要放得远一点，不然的话，风一吹厨房里面就会发生火灾！"

主人疑惑地看看朋友，本来听朋友夸奖自己的房子建得好，还挺开心的，可是朋友却说刚刚新修的烟囱需要改，而且还说发生火灾这样晦气的话，他就不乐意了。不过碍于面子也没有表现得很明显，只是胡乱地支吾了一声。

朋友呢，刚好是个热心肠，在主人家的一整天里，他总是惦记着这个隐患，临走还没有忘记叮嘱主人。可是这个主人一点儿也没放在心上，完全是左耳朵进，右耳朵出了。

朋友走后没几天，他家就着火了，火苗就是从灶台那里引起的，和朋友当初所说的完全一模一样。刚建新房的人心里非常焦急，也非常担心，他特别心疼花费了那么多心血修建的房子啊。四下里热情善良的乡里相邻看到浓烟滚滚都忙跑来帮忙救火：端水的，搬东西的，拿工具的，大家分别各自忙碌着。果然是人多力量大，不一会儿，大火就被扑灭了。

看到自己的新房幸免于火灾，主人非常高兴；为了答谢众父老乡亲，他让家里人宰牛摆酒，准备了几桌丰盛的酒菜，来表达谢意。所有帮忙救火的人，不管是因为救火烧的焦头烂额的，还是仅仅只在旁边喊了几声的，都按功劳大小排了座位。大家一起吃吃喝喝，好不热闹。但是，唯独没有请那个最初给他建议，让他把烟囱改弯曲的朋友。

主人还是没有意识到发生火灾的根本啊！假如他当初听从朋友的建议，把烟囱改变曲，把柴火挪开灶口，现在也就不用宰牛摆酒地花费，当然也根本不会发生这场火灾了！

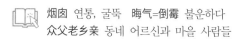

烟囱 연통, 굴뚝　**晦气=倒霉** 불운하다
众父老乡亲 동네 어르신과 마을 사람들

小人得志的曹商

　　宋国有个叫曹商的人，是宋王手下的一名大臣。有一回，宋王派他出使秦国。为了壮大声势，宋王决定把使团的阵容搞得豪华一些。于是他委派了众多随从跟着曹商，又为他配备了几辆装饰豪华的车，以及大量的财物，供使团路途上开销。曹商来到秦国，得到了秦王的接待。因为他能说会道，懂得揣摩秦王的心思，又善于取悦秦王，于是把秦王哄得很高兴。

　　曹商告辞回国，秦王还真有些不舍。临行前，秦王送给曹商一百辆车，让他风风光光地回宋国。曹商把这一百多辆车编成车队，浩浩荡荡地向宋国进发。途经庄子家门口，曹商久闻其大名，就顺便拜访一下，其实主要是为自我炫耀。

　　庄子在简陋的家里接待了他。对比庄子一家生活的困窘和自己地位的显赫，曹商志得意满地吹牛说："庄周先生，你真了不起呀，你依靠编织草鞋维持艰难的生计，住在贫困的窄巷里，面黄肌瘦的，可是仍然不改乐观的态度。你这种修养是我曹商不能比的。可是，你知道吗，出使秦国，我能使这个万乘之国的国君满意，他赏赐了我一百辆车，这是我曹商直得炫耀的本事。"要说曹商真是太不了解庄子了，他在庄子面前炫耀的，正是庄子不屑一顾的东西。

庄子看曹商一副小人得志的样子，心里觉得好笑，于是就给曹商讲了一个故事。庄子说："我听说，秦王请医生治病，按医生的表现，把酬劳分为几个等级。医生给秦王治疗毒疮，能使毒疮消散的，就赏给他相当于一辆车的钱；肯用舌头为秦王舔痔疮，使他的疼痛稍减的医生，就赏给他相当于五辆车的酬劳。医生使用的手段俞是卑下，他得到的酬劳就越多。阁下您得到秦王那么厚重的报酬，不知都为秦王干什么啦？是不是也为秦王治疗痔疮来者。您别恶心我啦，还是早点离开吧！"

曹商本想炫耀自己，可他哪里说得过庄子呀。他被庄子数落得恨不得找个地缝钻进去，只好垂头丧气地离开了。

庄子讲这个故事，是要告诉大家，在生活中，往往越是自我炫耀的达官显贵，他们追求他位、谋取私利的时候，越是不择手段。

开销 지출하다 揣摩 헤아리다 不屑一顾 일고의 가치도 없다
数落 잘못을 열거하며 꾸짓다

88 爸爸暗中施与的爱

有一个美国的小故事很有意思。一个小男孩，从小得了脊髓灰质炎，腿瘸了，这个病还导致他长了一口参差不齐的牙齿，很不好看，所以这孩子从小就备受冷落。小伙伴们都觉得他又瘸又不好看，都不跟他在一起玩。

有一天，他的父亲拿了一把小树苗回来，跟他的多个儿女说："你们一个人拿一棵树苗去种，看谁的树种得最好，我就给他买礼物。"

这个小男孩跟他的哥哥姐姐一起拿了树苗种下去。这个孩子呢，由于老受冷落，就有一种自暴自弃的心态。他给那棵树苗浇了一两回水以后，心里就有一种很消极的想法。他想："我不管了，还不如让我那棵树早早死了呢，我反正是不受人喜欢的孩子，我再想要礼物也不会得到的。"于是他就再也不给那棵树浇水了。

可是，后来他却发现，他那棵树却长得比别人的好。那棵树长得特别快，树叶长得特别鲜亮。这是一棵特别苗壮的小树。

父亲不断地对他说："天哪，儿子，你长大会成为一个植物学家的。你真是天才，你的树怎么长得这么好呢？"

过了一段时间，父亲说："大家都看见了，在这些树苗中，只有这个孩子种得最好，我的礼物得买给他。"于是父亲给这个小男孩买了一个他特别喜欢的礼物。

后来，这孩子不断受到鼓励，他就想，这是天意。有一天半夜，他睡不着觉，心想："书上说植物都是在半夜生长，我去给我的树再浇点水吧。"

他跑出来的时候，惊讶地发现：他的父亲在那棵树边正一勺一勺地浇水。他突然明白，他的父亲每天夜里都在悄悄地为他浇着这棵小树。这棵小树就是他的父亲在他心里种下的一个意识，让这个孩子自信起来。

看见这一幕以后，这个孩子对生命的态度就改变了。后来，他没有成为植物学家，而是成为美国总统。他就是富兰克林·罗斯福。

这则小故事自然是虚构的，因为历史上的富兰克林·罗斯福是三十九岁时才因病致残。但是这则小故事反映了某些令人深思的哲理。那就是父母对儿女的爱啊，这种爱永远不需要走到阳光底下，永远不需要让儿女知道。

 脊髓灰质炎 소아마비

89 非其父不生其子

　　古时候，齐国有个富人，家财万贯，富甲一方。他有两个儿子，从小在蜜糖罐里泡着长大，吃喝玩乐样样精通，但都特别愚笨，尤其不明事理。富人对他的儿子万般溺爱，从来都不教育他们。转眼间，两个儿子都长大了，倒是一表人才，人高马大，但是成天无所事事，闲游晃荡。

　　当地有个学识渊博，德高望重的智者叫艾子。艾子实在看不下去了，就严肃地对这个富人说："您的儿子虽然长得不坏，可是也不学习知识，个个都不明白人情世故，您那样丰厚的家产，以后让他们怎么来管理呢？"

　　艾子着实是一片苦心，可是这个做父亲的富人却没有体会到。听到别人批评自己的儿子，他很生气，气愤地回答："我的儿子都很聪明啊，我们有着万贯家财，他们应有尽有，想做什么就能做什么。怎么会不明白事理，管理不了家呢？"

　　看到这个父亲这么顽固，艾子也动气了，不过他压着怒气，仍然耐心地对那富人说："您家确实很富有，但是这和您的儿子们是否明白事理没有任何的关系。不用考验别的，您只要问您的儿子们米是从哪里来的，您就明白了。"顿了顿，艾子接着说："如果他们答对了，那我愿意承担说瞎话的罪过。"

那个富人急忙找来两个儿子，急切地问道："孩子们，你们知道我们吃饭的米是哪里来的吗?"

大儿子笑嘻嘻地回答："这很简单，是从咱们家粮仓的粮食口袋里取来的啊!那里很多的，我每次都看见仆人去那里取啊!"

富人听了皱着眉，直摇头，小儿子一看父亲不高兴，马上接话道："你说的不对，米是从大街的米铺里买来的啊!你看那么多人都拿着米袋子去那里买米去，我们家的米也是从那里买来的!"

说完了，他还得意地看看父亲，仿佛在等待着他的夸奖似的。可是，这个富人的脸早已经变得铁青了，喉咙仿佛被什么东西噎住了，一句话也说不出来。

艾子看着他们父子三人的尴尬模样，微笑着走开了，临走他意味深长地说："不是他这样的父亲，也生不出这样的儿子来啊!"

一表人才 인물이 훌륭하다　闲游晃荡 빈둥빈둥 놀다　着实 성실하다
顿 잠시 멈추다　噎 숨이 막히다

90 乐于骗人的牧童

　　小牧童每天都赶着羊群在草原上放牧，羊儿们也都很听话，总是乖乖地跟着小牧童在草地上吃草。小牧童每天都过着这样悠闲的日子，但他却渐渐觉得十分没劲了。

　　又是一个深感无聊的日子，小牧童无论干什么都提不起精神来，他懒洋洋地坐在草地上，四处张望着，想找点儿什么有趣的事做做！他望呀望呀，眼光突然停住了。他看见村子里的人们忙碌的身影，有的种田，有的喂鸡……牧童又把眼光移向羊群，脸上浮现出一个狡猾的笑容，因为，这时他的脑海中已经想出了一个鬼点子。

　　牧童起身转向村口，用尽全身的力气，大声地喊着："救命呀！狼来了！狼来了！"他又叫又跳，仿佛真的没命了，真的狼来了。村民们听到求救声，立刻放下手里的活儿，抓起棍子、锄头，朝这边赶来。"狼在哪儿？狼在哪儿？"村民们跑得上气不接下气，四处张望，却找不到一只狼的影子。

　　牧童看见村民们都被他愚弄了，笑得简直直不起腰来！被愚弄的村民们都很生气，大家训斥牧童太调皮了，便回到村子干活儿去了。牧童却对自己的行为毫无悔意，还觉得挺有意思。

没过几天，牧童又觉得看守羊群十分无聊了，又想找点儿乐子来打发时间。牧童心想：最多再挨大家一顿骂呗！他决定再一次恶作剧。牧童又一次朝村口喊着："狼来了！救命呀！谁来救我的羊呀！"村民们听到牧童的求救声，并没有马上抓起工具，大家心里盘算着……

但善良的村民仍心想：万一真的狼来了，没有人去帮他，那小孩子就太可怜了！于是，大家还是拿起武器匆匆忙忙地赶过来了，大家一到，发现又被牧童愚弄了，村民们气得把牧童臭骂了一顿，决心不再管他。

过了三天，牧童刚刚把羊群赶到草原上不久，突然，从附近冲出好几条野狼，直扑向羊群。牧童惊慌失措错，拼命大叫："救命呀！救命呀！狼真的来了！真的来了！真的！救命呀！"

村民们听见了却没有任何行动，只是说了句："哼！又在撒谎了！这次休想再愚弄我们！"

牧童拼命地喊："狼真的来了！谁来帮帮我呀！"可是，无论他怎么喊，没有一个人赶来帮他。就这样，牧童眼睁睁地看着野狼把羊群都给吃了。

懒洋洋 축 늘어지다, 나른하다　鬼点子 간교한 생각　乐子 즐거운 일
臭骂 호되게 꾸짖다

157

91 知识与经验之间

在爱迪生的实验室里，曾经有一个人毕业于名牌大学，数学很好，是爱迪生的得力助手。

爱迪生做实验，忙不过来，顺手拿了一个梨形的玻璃泡给这个助手，让他赶快把这个梨形玻璃泡的容积计算出来。这个助手一时发蒙，可真是犯了大难。他想，这个梨形的东西怎么算容积？它下半段是圆的，上半段长的，就是找不到一个公式来计算它的容积。

爱迪生正忙着做实验，过了好长时间，看见助手还在那儿摆弄，拿着许多仪器在测量计算。爱迪生忍不住了，顺手拿过那个梨形玻璃泡，在里面灌满了水，然后把水倒在一个量杯里，告诉助手，这就是它的容积。

什么是学以致用呢？真正的学问往往是在最简单的地方。爱迪生的这个故事就是例证。

有一个招聘故事说得更有意思。一个总经理要招聘助理，同时有三个应聘的人：一个人有非常高的学历，是博士；另一个人有十年以上的工作经验；还有一个人，显然不如前两者，学历不够高，工作经验也不够多，是刚毕业不久的普通大学生。

总经理在自己的办公室，对秘书说："叫他们都进来吧。"秘书说："你让他们坐哪儿？你的办公桌前面都空着，没一把椅子。"总经理说："就这样吧。"

博士第一个进来了，总经理笑着跟他说："请坐。"那博士特别尴尬，四处看看没椅子，说："我就站着吧。"总经理还说："请坐。"博士说："我没有地方坐啊。"总经理看看他，笑了笑，问了他几个问题，就让他走了。

第二个人进来了，总经理又跟他说："请坐。"他就一脸谄媚，很谦卑地说："不用，我都站惯了，咱们就这么聊吧。"总经理跟他聊了几句后，让他走了。

学生第三个进来了，总经理说"请坐"，他四下看看说："您能允许我到外面去搬一把椅子吗？"总经理说："可以啊。"这个学生出去搬了把椅子进来，坐下后就跟总经理聊起来。最后，这个学生被留了下来。

这个故事是什么寓意呢？第一个人可能知识很多，但是他不能变通。第二个人经验很多，但是他又受经验的局限。第三个人介乎知识和经验之间，他知道在怎么样做是最合适的。

 谄媚 알랑거리다, 아첨하다

92　我自己的价值何在?

　　有一个年轻的弟子去问一位大禅师,他说:"求你指给我一条光明的人生路吧。你说说我的人生到底能有多大价值?"

　　这个大禅师淡淡地问他:"你说一斤米有多大价值?"年轻人愣住了,只听到禅师说:"一斤米,如果在农妇眼里,它就是两三碗米饭而已。在一个卖米的农民眼里,它就值一块钱而已。如果这一斤米到了一个包粽子的人手里,他稍微加加工卖出去,就值三块钱。它到了一个做饼干的商人手里,再加加工,这一斤米就值五块钱。如果它到了一个做味精的人手里,提炼提炼,这斤米就能够产生出八块钱的价值。它到了酿酒的人手里,他用这个米酿出酒来,这一斤米就可能产生四十块钱的价值。但是,这还都不是边,这一斤米的价值还可以再开发下去。不过,米还是那一斤米。你明白了吗?"

　　其实,禅师讲的就是该如何看待人生的价值。每个人来到这个世界上,同样进入社会,我们人人手里都有自己生命的"一斤米",我们是把自己的生命做一两碗米饭,还是让自己的生命去酿酒,去提炼加工?如何选择你的做法,这个权利不在别人手里,而在你自己手里。那么,我们还会害怕别人不了解自己吗？其实是你自己不了解自己。我们说，安顿好自己的内心，实际上就是在内心开发和确认好自己的价值。

又有一个故事说得很好。一个年轻人问一个老者："这一片无垠的沙滩上，小沙粒就有这么多，我就像沧海一粟一样，我怎么样才能够显示出自己的价值？"

老人捡了一粒沙子，说："你觉得这就是你吧。我一撒手把你掉在沙滩上，你还能给我找着吗？"年轻人说，那当然找不着，满沙滩都是沙子。老人又从怀里掏出一颗珍珠，啪嗒一声掉在地上，说："你能给我把这个捡起来吗？"年轻人说，那当然可以，因为不同啊。他就捡起来了。

老人说："那你就明白了吧。你怎么就不能让自己先做成一颗珍珠呢？如果这样，你还怕别人捡不起你来吗？"

别人不了解你，你就一定要暴跳如雷吗？一定要着急辩解吗？一定要向世界证明吗？别人不了解你，你也不愤怒，这才是君子的情怀。

93 单箭易折

　　古时候，草原上有个部落叫吐谷浑，这个部落的首领阿豺有二十个儿子。吐谷浑部落在首领阿豺的杰出领导下，发展得越来越强大。慢慢地阿豺年龄大了，由谁来继承首领的位置成了摆在他面前的一个大问题。他的儿子们都已长大成人，个个都很出色，要选谁来做继承人呢？他心中犹豫不定。

　　那二十个兄弟呢，也个个摩拳擦掌，私下里暗暗较劲，都想显示出自己与众不同的才华。慢慢地，他们争斗得越来越明显，常常为一件小事就争得面红耳赤，甚至互相攻击。部落里的臣子将领们也因为支持不同的继承人，分成了几大派别，商量部落大事的时候也常常是众口难调，决议很难顺利实行。久而久之，本来相处融洽的众兄弟们，关系日益恶化，往日的兄弟情谊早已经消失得无影无踪了。

　　年过花甲的老首领看到他们兄弟相争的状况，感到非常痛心，他担心如果放任他们的争斗，情况会演变得越来越糟，更有可能兄弟相残。那可是他最不愿意看到的结果啊，本是同根生，相煎何太急？阿豺都不敢再想象了："必须想出办法来制止他们！"他在内心深处坚定地告诉自己。于是，阿豺绞尽脑汁，冥思苦想。终于有一天，他想到了一个办法。

他找来二十个兄弟，对他们说："你们各自都拿一支箭来把它折断！"二十个兄弟面面相觑，不知道怎么回事。可是父亲要求他们做，他们也只好照做了。"咔嚓咔嚓"的声音相继响起，二十个兄弟手中的箭一支支轻而易举地被折断了。阿豺看毕，微笑地问他们，"是不是很容易啊?"众兄弟都点了点头。

　　之后，阿豺又对他的弟弟慕利延说："你拿二十根箭把它们一起折断。"慕利延服从命令，拿来二十支箭放在一起，竭尽全力，双手使劲地掰起来。可是，不论他怎么用力，那二十支箭还是纹丝不动，丝毫没有要断的迹象。

　　看到这，阿豺意味深长地对他的二十个儿子说："你们都看到了吧?一根单箭很容易就折断了，可是二十根放在一起折就非常困难了。这里面有什么道理呢?这就说明，只要你们同心协力，我们的江山社稷就能够永远地巩固长久了。可是，如果你们各自争斗，那我们的江山前景就比较危险了。"

　　众兄弟认认真真地听着父亲的教导，也想着刚才折箭的情景，个个都惭愧地低下了头。从此之后，他们再也不争斗了，互相扶持着，互相团结，他们的部落也就发展得越来越强大了。

　　一支箭很容易被折断，一把箭却很难折断。这个故事揭示了一个道理：团结就是力量。

掰bāi 물건을 쪼개다　迹象 흔적

94 什么叫大材小用?

古时候，齐国有一个人对狗很有研究，不管什么样的狗给他看一眼，他就能分出是好是劣，是敏捷还是迟钝。方圆几十里的乡里相邻都找他相狗，而他每次都能让大家满意而回。

齐人有个邻居，不知道怎么回事，家里总是有很多老鼠，而且这些老鼠总是躲在犄角旮旯里，不管用什么方法就是消灭不了它们。老鼠越来越多，咬烂粮仓偷吃粮食不说，到后来竟然啃坏桌椅板凳，就连家里的衣服也都不能幸免。邻居非常苦恼，他特别地痛恨这些老鼠，"这些可恶的老鼠，我一定要把你们消灭得干干净净!"

想到齐人擅于相狗，他就想到找一只好狗来制服这些老鼠。齐人不知他的想法，一看邻居找他帮忙，也就认真地替他找狗，他耐心地为他挑选，足足过了一年终于找到了一只。齐人把狗交给邻居，满意地对他说:"这可是一只好狗啊，它体型矫健，嗅觉灵敏，我从来都没有见过这样好的狗啊!"邻居非常高兴，对齐人连说谢谢，兴奋之情溢于言表。

齐人走后，邻居抚摸着那狗，认真地对它说:"好狗啊好狗，你可要给我争气啊，把那些可恶的老鼠消灭得一个不剩!"从此呢,他用好菜好肉悉心地照顾起它了。时间如流水,一晃一年又过去了,可是邻居家的老鼠一点儿也没有少,鼠灾闹得似乎比以前更严重了。那只狗呢,长得倒是更健壮了,目光炯炯有神,但从来没看见它捕过一只老鼠,老鼠在它眼皮底下窜来窜去,招摇过市,它仿佛跟没看见一样。

邻居不由地怒火中烧,他气愤地去找齐人想问个究竟。听罢他的叙述,齐人忍不住哈哈大笑:"我找的狗的确是一只好狗啊,但他想捕捉的是獐、麋、猪、鹿这类野兽,而你却让它来捕捉老鼠,这不是很可笑吗?"邻居还是很沮丧,他抱怨地说道:"那我养了它那么久,成天好吃好喝地喂着,难道功夫都要白费吗?它就真的不能捕捉老鼠了吗?"齐人一听,愣了一下,叹了一口气,回答说:"也不是不可以,如果你把狗的后腿拴起来,它就能捕老鼠了;但是这样的话,可真的就可惜了这只好狗了!"说罢,齐人不由地难过了起来。

让善于捕捉野兽的良狗去捕鼠,这是很荒唐的做法;对人才的压抑和埋没,就如同绑起良狗的后腿让它捕老鼠一样;故事中的齐人是识狗的伯乐,他爱惜这只良狗,为它的才华被压抑和埋没而痛心,为邻居对它大材小用而难过。

犄角旮旯 외지고 구석진 곳 溢于言表 언사나 기색에 나타나다
争气 이기려고 힘내다 招摇过市 이목을 끌고자 과시하며 지나가다
愣 어리둥절해 하다

95 高手的境界

伯乐是古时候相马的高手，秦穆公非常重用他。

可是日子一天天过去，伯乐慢慢地衰老了，秦穆公担心再也没有人能像伯乐那样能够精准地相出好马。于是，有一天，他忧心忡忡地对伯乐说：你年纪大了，你的家族中还有其他人能够派出去寻找好马吗？

伯乐捻了捻他花白的胡子，慢悠悠地回答说："一般的好马可以从形体、外貌、筋络、骨架上看出来。而称得上天下绝伦好马的，那是若隐若现、若有若无的；这样的马奔驰起来，都是足不扬尘，过不见迹的。"

秦穆公从来没有见过这样的马，听得他兴趣十足，不由地问道："是啊，这样的神马要到哪里才能找到呢？派谁去找比较合适呢？"

伯乐微微笑着说："我已经年老体衰，恐怕是力不从心了，我的儿子们都只是些下等的人才，他们能够说出什么是好马，但却说不出什么是天下绝伦之马。我有个担物打柴的朋友叫九方皋，他相马的能力不在我之下。请让我把他推荐给您。"

秦穆公一听相马后继有人，心中当然非常高兴，他马上召见了九方皋，派发给他充足的财粮，让他出去寻找天下绝伦之马。

三个月后，九方皋就回来了，拜见秦穆公，报告说："好马已经找到了，就在沙丘那里！"秦穆公问："是什么样的马呢？你能描述一下吗？"九方皋简单地回答说："是匹黄色的母马。"秦穆公特别兴奋，急忙命人去找，不一会儿，马就牵回来了，却是匹黑色的公马。秦穆公很生气，脸色立刻就变了，九方皋也被他关起来了。秦穆公召来伯乐，责怪他说："你这是怎么回事嘛？简直是糟糕透了！你推荐的相马人，连颜色雌雄都分不清楚，怎么能够相马呢？"

伯乐听了，哈哈大笑说："这大王您就有所不知了。"秦穆公疑惑不解。

伯乐呢，自顾自地啧啧赞叹地接着说道："没想到他竟然达到了这种地步了！这正是他高出我的地方啊！九方皋所看到的，都是天机啊！他只看见精而忽视了粗，只看见内中而忽视了外表，只看见了他所需要看的而忽视了他所不需要的，只观察到他所需要观察的而遗漏了他所不需要观察的。九方皋这样相出的马，一定是比一般的良马更珍贵的好马啊！"

秦穆公似乎还有点不敢相信，还是找了好几个懂马的人，让他们去观察去骑试，大家都对那马赞不绝口。秦穆公最后也心服口服了。

九方皋呢，也成为了继伯乐之后秦国专门的相马人。九方皋相马不单单停留在马的外表，他更注重观察马的内在，他抓住好马的主要特征相出好马，虽然忽视了马的颜色和雌雄，但这些都是无关紧要的。我们每个人在对待人、事、物的时候，要抓住本质特征而不能只注重表象。

力不从心 몸이 마음같이 움직이지 않는다 自顾自地 아무런 망설임 없이
啧啧 칭찬하는 의성어 心服口服 완전히 감복하다

96 常羊学箭

　　古时候有个叫常羊的人，他想向当地的神箭手屠龙子朱学习射箭。开始学习前，屠龙子朱问他："你明白射箭的道理吗？你知道箭怎样才能射中吗？"常羊摇摇头，表示什么也不知道。

　　屠龙子朱微笑着说："那让我来给你讲一个故事吧。从前楚王在云梦泽猎场打猎的时候，吩咐仆人们把所有的禽兽们赶出来，让自己射击。结果，受到惊吓的禽兽们，飞的飞，跑的跑，全从隐匿的地方窜了出来。楚王面前刹那间全是猎物，鹿在左边奔，麋在右边跑。楚王心中非常高兴，志在必得地想着这下你们可都跑不了了。"

　　常羊一听眼前都是猎物，兴奋地插嘴道："那楚王一定是射到了鹿，又擒获了麋吧！"屠龙子朱没有回答他，接着往下讲："楚王做好准备，刚要拉弓射箭，突然一只洁白的天鹅掠过仪仗队的旗帜，径直朝楚王面前飞来。那天鹅非常美丽，两只翅膀优雅地扇动着，仿佛天边流动着的云彩。楚王看得都要呆了，天鹅又提起了他浓厚的兴趣，该射哪个呢？麋和鹿都近在咫尺，楚王犹豫不定，拿着弓箭上下左右比划着，等了好久都下不了决心。"

常羊听到楚王什么猎物也没有射到，似乎有点失望。但他设身处地地仔细一想，不由得自言自语说："这也难怪啊，楚王面前都是诱人的猎物，他当然犹豫不定了啊！换成我也是一样的啊！"

　　屠龙子朱听到他的言语，严肃地说："千万不可以这样啊！"常羊疑惑地努了努嘴，表示不解。屠龙子朱继续讲他的故事，"就在楚王踌躇不定的时候，队列里一个叫养叔的大夫走了出来对楚王说：'我射箭的时候，把树叶一片片放在百步之外，射十次中十次；但是要是把十片树叶一起放到那里，我就没有把握了。'楚王听了，沉思了一会儿，似乎明白了什么。他专心致志找准就近的一只大鹿，放箭出去，鹿马上应声倒地。顿时，欢呼声一片。"

　　讲完了故事，屠龙子朱再问常羊："这下你明白了楚王为什么能射中猎物了吗?"常羊似乎还是非常疑惑，屠龙子朱意味深长地解释道："射箭，就要聚精会神，一心不能二用，切忌被杂念所影响。而且万万不能经不住诱惑，锁定不了目标，这样练习下去是永远都不能练好的!"

　　听完老师的点拨，常羊这下全明白了，他高兴地说："刚开始，楚王是受到各种猎物诱惑的干扰不能找准目标，所以射不到猎物；后来养叔大夫以自己的经验引导他，楚王最终才能够抛除一切杂念，射中目标啊!"屠龙子朱不再说什么了，抚摸着花白的胡须看着常羊微微笑了。

　　世间万物，诱惑多多，有所得就会有所失。我们在做一件事情的时候，一定要选中自己的最终目标，抛开一切诱惑和杂念的干扰。有的放矢，专心致志，这样才能达成最终的目的；三心二意，心猿意马，这样只能是丢了西瓜也捡不到芝麻，最终一事无成。

97 美女的漂亮来自于自信心

有一个寓言，它说在某小镇上有一个非常穷困的女孩子，她失去了父亲，跟妈妈相依为命，靠做手工维持生活。

她非常自卑，因为从来没穿戴过漂亮的衣服和首饰。在这样极为贫寒的生活中，她长到了十八岁。

在她十八岁那年的圣诞节，妈妈破天荒给了她二十美元，让她用这个钱给自己买一份圣诞节礼物。她大喜过望，但是还没有勇气从大路上大大方方地走过。她捏着这点钱，绕开人群，贴着墙角朝商店走。

一路上她看见所有人的生活都比自己好，心中不无遗憾地想，我是这个小镇上最抬不起头来、最寒碜的女孩子。看到自己特别心仪的小伙子，她又酸溜溜地想，今天晚上盛大的舞会上，不知道谁会成为他的舞伴呢？

她就这样一路嘀嘀咕咕躲着人群来到了商店。一进门，她感觉自己的眼睛都被刺痛了，她看到柜台上摆着一批特别漂亮的缎子做的头花、发饰。

正当她站在那里发呆的时候，售货员对她说，"小姑娘，你的亚麻色的头发真漂亮！如果配上一朵淡绿色的头花，肯定美极了。"

她看到价签上写着十六美元，就说我买不起，还是不试了。但这个时候售货员已经把头花戴在了她的头上。

售货员拿起镜子让她看看自己。当这个姑娘看到镜子里的自己时，突然惊呆了，她从来没看到过自己这个样子，她觉得这一朵头花使她变得像天使一样容光焕发！

她不再迟疑，掏出钱来买下了这朵头花。她的内心无比陶醉、无比激动，接过售货员找的四美元后，转身就往外跑，结果在一个刚刚进门的老绅士身上撞了一下。

她仿佛听到那个老人叫她，但已经顾不上这些，就一路飘飘忽忽地往前跑。

她不知不觉就跑到了小镇最中间的大路上，她看到所有人投给她的都是惊讶的目光，她听到人们在议论说，没想到这个镇子上还有如此漂亮的女孩子，她是谁家的孩子呢？她又一次遇到了自己暗暗喜欢的那个男孩，那个男孩竟然叫住她说："不知今天晚上我能不能荣幸地请你做我圣诞舞会的舞伴？"

这个女孩子简直心花怒放！她想，我索性就奢侈一回，用剩下的这四块钱回去再给自己买点东西吧。于是她又一路飘飘然地回到了小店。

刚一进门，那个老绅士就微笑着对她说，"孩子，我就知道你会回来的，你刚才撞到我的时候，这个头花也掉下来了，我一直在等着你来取。"

这个故事结束了。真的是一朵头花弥补了这个女孩生命中的缺憾吗？其实，弥补缺憾的是她自信心的回归。而一个人的自信心来自哪里？它来自内心的淡定与坦然。

破天荒 난생처음　捏 손가락으로 집다　寒碜=难看 못생기다
坦然 편안한 마음　心仪 마음속으로 흠모하다　酸溜溜 씁쓸하게
嘀嘀咕咕 중얼중얼거리며　头花 꽃 장식이 있는 머리핀
价签 가격표　容光焕发 얼굴이 환하다

98 曾参为母痛心

据说儒家的圣人孔子收了三千门徒，其中出类拔萃的有七十二人，这七十二人每人都有渊博的学问和高尚的品质，而曾参则是这七十二弟子中最优秀的人之一。孔子对曾参很是赞赏，教给他很多知识和做人的道理。曾参勤奋好学，在孔子的指导下成为了一个真正的君子，他待人有礼，谦虚谨慎，侍奉父母极为孝顺。

曾参的家境并不是很好，但他对父母的照顾无微不至，父母想吃什么想做什么他都能提前想到，不让年迈的他们吃一点苦。曾参的父亲名叫曾点，也是孔子的得意弟子之一。曾点很喜欢吃肉，也喜欢饮酒。家里并没有太多的钱去买酒肉，曾参就不顾辛苦，每天天不亮就上山打柴，到了晚上才下山，用砍下的柴换来酒肉孝敬父亲。

曾点十分感动，儿子每天打柴回来后都累得满头大汗，桌上的酒肉却一天也没有断过。后来曾点去世了，曾参痛哭不止，一连几天茶饭不思。曾点生前最爱吃羊枣，曾参从此之后再不吃羊枣，以此来纪念父亲。

父亲去世后，母亲成了曾参唯一的牵挂，他对母亲百依百顺，唯恐不合母亲的心意。他时常揣摩母亲的心思，久而久之，母亲想做什么，经常还没等开口，他就已经为她做好了。这一天，曾参照常去山上砍柴，留母亲一个人守侯在家。

由于刚下过雨，上山的路又湿又滑，很不好走，曾参背着大竹筐，手中拿着斧头，走得很小心，生怕滑倒后从山上滚下去。即使一个人走在荒凉的山路上，他也不觉得害怕或者苦恼，一想到砍柴后可以再换取一些粮食，心中反而觉得平静快乐。

一场大雨过后，山上的树木长得更快了，能砍下的木柴也更多了，曾参一边擦汗，一边不停地用斧子砍柴。快到中午了，木柴已经砍了有大半筐，曾参的胳膊也酸痛起来，于是他坐在一块大石头上休息。他时常在休息的时候反省自己，回想自己有没有什么地方做得不好而自己没有察觉。

他想着想着，忽然觉得自己的心好像刺痛了一下，他开始没有理会，过了没一会儿，觉得心更疼了，就像一根针狠狠地扎进去了一样。

曾参忽然想到，之前母亲做饭割伤手指时，他的心也曾经这样痛过，会不会是母亲出了什么事？曾参一下子跳起来，背起竹筐就向山下跑去。山路上到处都是积水，可这时他也顾不上会滑倒，一心记挂着母亲，虽然一连摔了好几次，还是加紧往前跑。好不容易跑到山下，他才发现竹筐里的木柴散失了大半，斧头也忘在了山上。可现在已经顾不得这些了，他急急忙忙地冲进了屋里。

曾参的母亲正在家里急得团团转，看见曾参回来，才松了一口气。原来就在曾参出门不久，家中来了一位客人，这位客人远道而来还没有吃饭。曾参的母亲年纪大了，腿脚不太灵便，不能做饭招待客人。

客人到家中，如果不好好招待，那是失礼的行为，曾参的母亲盼望儿子早点回来，可是左等不回右等不回，她就着急地咬起了手指，一不小心将手指咬破了。曾参对母亲说："正是因为您咬破了手指，我的心才因此疼痛起来，这才匆忙赶了回来啊。"那个客人因此对曾参赞叹不已，后来逢人就说这件事情，并说："相隔那么远，还能因为母亲咬破手指而心痛，这才是真正的孝顺啊！"

无微不至 매우 세밀하고 두루 미치다　**羊枣** 고욤(재래종 감나무의 열매)
牵挂 걱정거리

99 国王和术士

　　在某一国王执政期间，有一位著名的术士不幸地预言了国王的一个宠臣的死期。这个预言真的应验了，国王的宠臣碰巧就在术士所预言的那天死了。国王非常生气，他把宠臣的死完全归咎于术士的预言，就派人把术士抓来了。

　　国王说："你能预言我爱卿的死，你也能预言你自己的死期吗?"

　　可怜的术士听了这话非常害怕，因为他明白国王打算处死他。他沉默了一会儿，没有立即回答。因为他正在考虑怎样才能挽救自己。后来他终于想出了一个主意。

　　他鞠着躬说："陛下，我不能预言我死亡的准确日期，但我能预言，我一定会死在陛下驾崩的前一天。"

　　这次轮到国王害怕了。他说，必须由最高名的医生和最强悍的武士护卫着这位术士，要尽最大努力，使他活得越久越好。

应验 효험이 있다, 들어맞다　归咎于 ~의 탓으로 돌리다　挽救 만회하다
驾崩 (임금이) 승하하다

178

100 庄子的人生观

如果你成为成功人,名和利是脱不开身的。中国历史上最称得起自由人的,莫非属于庄子吧。他为什么有自由?因为他可以不在乎名和利。下面介绍的故事告诉我们庄子对送上门来的名的态度是怎么样的。

战国时期,楚国是个大国。有一天,庄子正逍逍遥遥在河边钓鱼呢。楚王派了两个官员去庄子那里,毕恭毕敬地说:"先生,我国国王想请您做个宰相,您的意见如何?"楚王希望把楚国的相位授给他。

庄子拿着鱼竿,头也不回,说:"我听说楚国有一只神龟,死了都三千年了,楚王还把它包上,藏在盒子里,放在庙堂之上。你们说,这只龟是愿意死了留下骨头被人尊重呢,还是愿意活着拖着尾巴在泥地里爬呢?"两个官员说:"当然是愿意活着在泥地里爬呀!"

庄子说:"那好吧,你们请便吧,让我拖着尾巴在泥地里活着吧!"

不在乎 염두에 두지 않다　**请便** 편한대로 하시오

101 让皇帝捧腹大笑的一个字

　　明太祖朱元璋身边有个幸臣名叫陈君佐，学问满腹、反应敏捷，谈吐诙谐，机智过人。朱元璋度量狭窄，喜欢刁难别人；可是陈君佐每次总能把难题应付过去，还博得君王哈哈一笑。有一回，朱元璋故意要陈君佐讲个一字笑话，一个字就得把他逗笑。陈君佐想了想，回禀太祖说："一字笑话有了，可是得请皇帝明日辰时三刻移驾金水河边听笑话。"朱元璋不知陈君佐葫芦里卖的是什么药，好奇地欣然同意了。

　　第二天一早，陈君佐预先找来了几十个瞎老头儿，要他们站在金水河对岸边上，一字排开，要他们听口令做动作，以迎圣驾。等太祖来到金水河边，陈君佐就高声喝令那些瞎老头们道："拜!"，结果对岸的那一排瞎老头儿，全拜跌入水中，"扑通"之声此起彼落。朱元璋见此滑稽情景，忍不住捧腹大笑，差一点笑得马背上跌下来。

📖 **回禀** 아뢰다　**葫芦里卖的是什么药** 도대체 무슨 꿍꿍이속인지

180

左撇子的侥幸

大家都知道左脑控制右手的活动，右脑控制左手的活动。所以左撇子右脑发达，右撇子左脑发达。左脑从事思考、推理等理性活动，是语言中枢所在；右脑则从事直觉、感觉等感性活动，擅长视觉空间的认知，所以许多艺术家都是左撇子，如画家拉斐尔、达芬奇、米开朗基罗、毕卡索，音乐家摸扎特、贝多芬、诗人海捏等等，都是用他们的左手创造出无数的杰作来。

在中国，也有许多画家是左撇子。宋朝时画家赵广就是个左撇子。赵广是安徽合肥人，年轻时在李公麟家当童仆。李公麟是誉满天下的人物鞍马画大师，传说他曾在皇宫马蓬写生，对着一匹名马'满川花'作画，马画好把画笔放下时，'满川花'就倒地而死了，因为马的魂魄已被李公麟摄入画纸上。李公麟作画时，赵广常在一旁侍候，久而久之，赵广也会画了，他画的马几乎和李公麟的画一模一样，可以乱真。

南宋高宗初年，扈从统制官傅苗和御营副将军刘正彦造反，逼高宗逊位，杀了许多大臣。贼将听说赵广善画，把他抓来，逼他画他们所掠来的美丽的妇女以作纪念。赵广不肯画，贼将一怒之下，就把赵广的右手大拇指砍断了，这才放他走。

其实，赵广是个左撇子，惯用左手作画。傅苗之乱平定以后，赵广依旧靠作画维生，但是他只画观音菩萨像，以感谢观音保佑他历劫逢生，其他的一概不画了。

103 有缘千里来相会

从前，苏州洞庭东山有一户姓席的富人年已五十，才生一女，取名盼盼，夫妻俩欢喜异常，视之为掌上明珠。

十八年后，盼盼已长成亭亭玉立的大姑娘。有一天，她到紫金庵烧香，回来时发现发髻上一只祖传的宝簪不见了，几次寻找都没找到。

盼盼回家将事情经过向父母说明。于是席家贴出告示说：谁捡到这枚簪交回席家的，赏白银500两。那天，一个广东客商肩上驮着一只猿来到东山，正在紫金庵看告示时，猿从他肩上溜下来爬到树上玩耍，将盼盼那只被树枝勾住的簪子拿下来给了主人，客商大喜。

客商按照告示上写的地址找到席家，表示愿意入赘为婿。席家夫妇见客商相貌堂堂，举止文雅，便答应了这门亲事。

不久，盼盼与客商正式结为夫妻，客商的那只猿乘人不备窜进大堂，将杯盘碗盏弄得一片狼籍，惹得客商心中懊恼。客商走进厨房，拿起刀来一挥，把那只猿杀死了，并且用它做成了广东名菜招待来宾。

入洞房后，盼盼问起宝簪的事，新郎告诉新娘得到宝簪的经过。原来女方的媒人算是簪，男方的媒人算是猿。盼盼

183

叫新郎将猿牵来以谢大媒。

客商将情况如实说了。新娘骂客商忘恩负义，并将新郎赶出洞房说："我们有'猿'千里来相会，无'猿'对面不相逢。你把猿杀了，我们的缘分就没了。"婚事就这样告吹了。

 洞房 신방

104 火急的鲫鱼

战国时期，庄周家里很穷，穷得实在是揭不开锅了，等米下锅。他就去找监河侯说要借点儿粮食。监河侯是当时专门管水利的一个小官，生活比他要好一点。这个监河侯说："可以！我马上要去各地收税金，你等着我，一旦把税金全收上来，到时候，我借给你六千两黄金，好吗？"

庄周气冲冲地变了脸色，说："我还是给你讲一个故事听吧。我早上过来的时候，在半路上听到有个急急巴巴地呼喊救命的声音。我回头一看，看见路上干枯的车轮沟里躺着一条鲫鱼。我就问它：'鲫鱼呀！你是怎么搞的？'它回答说：'我是在钱塘江里生活的鲫鱼。前几天忽然刮起一阵厉害的旋风，先是把我拔出来高高地悬挂在空中，然后吹到离钱塘江很远的这儿来，猛地又把我甩到地上。而后，这里连续几天一直没下雨，现在已经一点水都没有了，我几乎快要干死。求求您，请帮我拿一水瓢儿的水来救救我，好吗？'我就对它说：'行！我正好要到南方去跟河龙王攀交情，到时候，我请他把钱塘江里的大水发动起来接你回去，好吗？'那条鲫鱼听后，气愤得脸色都变了，说：'我现在失掉了惯常熟悉的一切，已经没法安身了，我只要得到一水瓢儿的水那就可以活下去，

185

您却说这样的废话！等把钱塘江的水引来，我早就死了。您干脆不如趁早到鱼干铺子里去找我！'"

记载于《庄子·外物》的这则故事和谚语'远水救不了近火'有着共同的寓意。如果邻居家里着了火，人们都跑到五里之外的河中打水来灭火，结果可想而知。当人们疲惫不堪地打了水回来时，邻居的房屋已经在大家的叹息中变成了一片焦土。正好像上面的'火急的鲫鱼'故事一样，远水是救不了近火的。你说是吧！

远水救不了近火 '멀리 떨어져있는 친척이 이웃사촌만 못하다'는 속담과 대응

105 好心的县官不得死

后唐皇帝庄宗平时有个嗜好，就是特别喜爱打猎。有一次，他带着部下们去打猎。当他为打猎心情达到高峰时，一只被他们打伤的野猪跑到庄稼地里去了。皇帝一行为了追赶野猪，踩坏了许多庄稼。当地的县官看到这个情景后，斗胆劝说皇帝不要再追赶了。皇帝一听，就大发雷霆，立即下令把这个县官捆绑起来，要斩首。

皇帝的权力是至高无上的。他要杀人，左右的人虽然心里对此都有意见，但谁都不敢出来劝阻他。这时，皇帝身边有个叫敬新磨的演戏的人心里矛盾很激烈。他想：要是劝吧，因为皇帝正在气头上，恐怕给自己招来横祸；要是不劝吧，眼看爱护老百姓的县官活不成。正在进退两难之际，敬新磨猛地有了主意。他冲过去，指着被绑的县官的鼻子大声骂起来："你这糊涂的东西，亏你还是个县官！难道你不知道皇上爱打猎吗？你应该把这块地空起来，让皇上在这儿高高兴兴地追赶猎物！为什么偏要让老百姓在这儿种庄稼呢？难道你怕老百姓饿死吗？怕国家收不上税吗？皇上打猎事大，老百姓饿死事小，皇上高兴事大，国家收不上税事小。难道你连这个道理也不明白吗？"

开始，皇帝以为敬新磨支持自己，但听到这儿，敬新磨哪里是在骂县官，实际是在批评自己嘛!皇帝转念再一想，明白是自己错了，如果硬是要坚持把县官处死，只能会留下坏名声。于是，他干脆地说:"算了，我已知道我错了，快把这位县官放了吧!"

庄稼 농작물

106 马下了牛?

从前，有一个官气十足的地方官僚。他刚退休没多久，为了散散心，骑着马独自去春游。他走到一个三岔路口，不知道该走哪条路了，只好勒住马，打算等有人来了再问路。

他等了好久，才看见有个人扛着锄头向他这边走了过来。他高兴得连忙喊道："喂!到金刚山怎么走?有多远?"他反复地喊了几次，扛锄头的人理都不理就走过去了。他生气了，就骂道："混蛋!上个月我还是个幕僚，你怎么不理我?"这个扛锄头的人慢吞吞地答腔说："对不起，骂人的话请你带回去。你是前任幕僚，对知书达礼你应该很内行，难道我连个称呼都没有吗?"说着就若无其事地走远了。

他又等了好久，好容易看见一个渔翁带着渔网走了过来。他高兴得老远就喊这个渔翁："老哥!请问你，到金刚山怎么走?有多远?"这一次他的话客气多了，只是还不下马。他想:'堂堂前任幕僚向小民问路何必要下马?'哪里知道，他连喊几次，渔翁连吭都没吭一声，只管走自己的路。这位前任幕僚又忍不住气，发了火儿，又骂起来了："你这坏蛋!我是前任幕僚，你怎么敢不理我?"这回渔翁答腔了："对不起，骂人的话请你带回去。不管你是什么前任幕僚，我就要赶紧去看稀奇的事，你别耽误我!"

"有什么稀奇的事，这么要紧啊?"

"告诉你，邻村有匹马下了一头牛，你说这是不是稀奇的事?"

"马下了牛?为什么不下马呀?"

"我说的也是嘛，谁知道这个畜生为什么不下马呢!"

太有眼里见儿的杨修

　　曹操手下有个叫杨修的人，他非常聪明，连以智力闻名天下的曹操都很佩服他。他曾经负责给曹操的宅院修造过门。门快要完工时，曹操亲自来观看，看了以后叫人在门上写了一个'活'字，然后连一句话也没说就离开了。工匠不知道这是什么意思，杨修见了就下令把大门拆掉，并解释说："门中加'活'，就是'阔'字，丞相嫌门太大了。"

　　还有一次，有人送给曹操一盒酥。曹操先吃了几口，然后在盖子上写了'一合酥'三个字，就将它递给手下的人。人们拿着这盒酥不知如何处置。轮到杨修一看，就立刻把盖子打开吃了一口，说："曹公亲笔下令让我们一人吃一口，大家快吃吧！"

　　又有一次，曹操出兵汉中的时候，原本是想进攻刘备。但因为刘备凭借险要地势防守，所以曹操既攻不下，又不宜留守，想撤离，又觉得可惜。正处于进退两难之际，恰好厨师送来一碗炖鸡汤，曹操一边吃着炖鸡，一边心里在盘算着。这时夜间值班将领进来问夜间的口令，曹操随口说道："鸡肋。"

　　口令传到军中，大家都觉得奇怪，谁都不知是什么意思。

这时，只有杨修才知道了，就叫手下人给他收拾行装，准备撤退。别人问他为什么这么做，他回答说："鸡的肋骨，丢掉了可惜，拿来吃又没有肉。曹公现在把汉中看成是鸡肋，觉得留守这里没什么味道，但真正放弃却又感到可惜。但他最终还是会因为没有味道而放弃的，所以我就叫人打点行装准备回家。"果然不久，曹操就下令退回长安。但这次杨修的行动使曹操深深感到他智慧过人，最后杨修被曹操以扰乱军心的罪名杀掉了。

108 这是为你准备的

　　明代浙江有个人叫徐文长，他从小就聪明好学。有一年春天，徐文长的伯父拿了两个小木桶装上水，把村里的孩子们领到一座又矮又小的竹桥边，说："你们谁能把这两桶水拿过桥去，我就送你们一大包礼物，但千万不要让水沾湿鞋底。"

　　"好!我来试试。"有一个孩子勇敢地拿起两桶水，想走过桥去，但才走了几步，鞋底早已被沾湿了。原来，桥面紧贴着水面，再加上桥身有弹性，只要人拿着有重量的东西过桥，桥身就会碰到水面。看到这个情形，孩子们都像哑巴似的静下来了。这时，徐文长走出来说："让我来试试吧!"他拿起一只装满水的桶放到水里，看到木桶没有沉下去，于是找来两根绳子把两只水桶捆了起来，左手牵一只，右手牵一只，边牵边走，很快就过了桥。

　　孩子们看到徐文长过了桥，都拍手叫好。他伯父点头称赞，把礼物拿了过来。可是奇怪的是，这包礼物却吊在一根很长的竹竿上面。他拿着竹竿说："你们现在可以拿礼物了。不过有两个条件：一是不能把竹竿横放下来;二是不能垫着凳子去拿。"他刚说完，一个孩子就在竹竿下伸着手跳起来，但远远触不到礼物。

这时，徐文长静静地站在一旁，仔细打量了一下竹竿。他想了一想，从伯父手中接过竹竿，来到一口水井旁边，然后把竹竿慢慢地从井口竖着放下。当竹竿放到和他身子一样高时，他就笑嘻嘻地把礼物取了下来。徐文长把这包礼物打开一看，里面原来是《论语》一书。孩子们看到里面是书，除了徐文长以外都一概地扫兴而回家去了。伯父早就预料到这包礼物会归徐文长所有。其实，徐文长前几天刚念完《三字经》，他伯父早就准备送他一本《论语》了，只是用了这种特别的方式罢了。

109 原来如此

你们知道吗?我们经常用的'原来'这个词原来不是这么写的,它的本来写法是'元来'。为什么'元来'被'原来'代替了呢?

明代以前的中国人是只用'元来',而不用'原来'的。大家都知道,明朝是汉族人朱元璋把异民族蒙古人执政的元朝推翻后建立起来的朝代。在朱元璋看来,'元来'一词怎么看都不顺眼,因为'元来'可以理解为'元人再来'。元朝复兴,重新再入侵,自然是明王朝不愿意的,于是就把'元来'改为'原来'。似乎这样一改,就可以高枕无忧了。明代以来,'原来'就代替了'元来',久而久之,成为书写的规范形式。

'元'字有'开始'的意思,所以'元来'也就是'本来'的意思。'原'本是'源'的古体,指水之源头。在此意义上又引伸出'根本'的意义。这样一来,'元来'的'元'和'原来'的'原',不但语音相同,而且语义也相通,于是就以'原'代'元','原来'代替'元来'了。

把'元来'改为'原来',可以从中国人避讳的传统来理解。所谓的避讳是指当一个汉字与某个汉字语音相同而可以联想到不好或不吉利的意思时,需要回避而改换新词的一种方式。这种避讳从秦始皇到现在都一直存在。现在我们举几个例子来说说吧。

在中国，一对情人谈恋爱时，他们买一只梨来分享是不容易看到的。这是因为'(把)梨(切)开'和'离开'语音相同，一碰到'(把)梨(切)开'的情景，就让人很容易联想到'离开'。'离开'即分手，但哪一对热爱中的情人愿意分手，所以连可以联想到分手的'(把)梨(切)开'的行为都不要做了。又如在上海，病人住院时，人们不可以给他送苹果。因为在上海话里，苹果和'病故'语音相同，病人一看到苹果就会联想到'病故'即'因病而死'。哪一个病人敢欢迎送'病故'来？诸如此类的例子还多得很。

110 能医治贫穷的医生

从前，江苏吴县有个医生叫叶桂，他医术高明，求他治病的人很多。有一天，他坐着轿子到外面行医，路上有个乡下人，拦住他的轿子，求他看病。叶桂叫仆人停下轿子，为他号了号脉说："你的脉象均匀调和，看来没什么病啊！"乡下人说："您是著名的名医，听说您对各种疑难杂症都有自己的一套。我患的是贫穷的病，我相信您能治好我的病。"叶桂笑着说："其实你这个病也治疗得了。这样吧，你今天晚上到我家来取药方，服一剂就会治好的。"

到了晚上，白天碰面的那个乡下人到叶桂家来敲门，要拿药方。叶桂叫他到城里街上去，拾起人家丢的橄榄核，拿回家去种，等到树苗长出来，再来告诉自己一声，这样准会得到很多钱。那个乡下人就按着他的话去做了。

不久，橄榄树苗长得很茂盛，乡下人过来告诉叶桂。叶桂说："从今天起，会有很多人去找你买树苗。你把树苗卖给他们贵一点，千万不要便宜卖给他们。"从那以后，每当叶桂给病人开药方时，总是把橄榄苗写在药方里头，并告诉病人这橄榄苗到那个乡下人家里就买得到。就这样向他求医的所有病人都争先恐后地到乡下人那里去买橄榄苗。过了好多天，橄榄苗渐渐少了，但要买的人更多了，到了供不应求的地步。乡下人要价也就随之更高，终于他赚了很多钱。橄榄苗卖完后，叶桂也不再把橄榄苗写入药方里了。

后来，那个乡下人带着礼品来向叶桂致谢。叶桂问他说："你的病好了吗？"乡下人回答："全靠您的高明处方，已经彻彻底底地治好了。"叶桂高兴地笑着打发他走了。这个故事，直到现在，还在吴县人之中传为美谈。

 供不应求 공급이 수요를 따르지 못하다

111 善良的曹冲救库吏

　　据《三国演义》，曹操军营的纪律严明是出了名的。他的部下如果犯了错误，常常会受到严厉惩罚，有的甚至会被处死。

　　曹操的马鞍是他心爱的东西之一，平时叫看守仓库的库吏保管。有一天，库吏突然发现马鞍被仓库里的老鼠咬破了。他害怕得不得了，可不知道怎么办才好，他心想也许自己会被处死。

　　正当库吏悲伤难过的时候，被曹操最疼爱的小儿子曹冲发现了。他看见库吏满面愁容，就好奇地问："叔叔，你怎么啦，为什么发愁？"开始，库吏不肯说，但曹冲一直追问，他就索性把事情说给他听了。曹冲听了，眨了眨眼睛说："你尽管放心，我保证你不会有事的。"接着，他走近库吏耳边低声说了几句话，就走开了。

　　第二天刚好是曹冲的生日，曹冲偷偷摸摸地用小刀在自己的衣服上割了几个小洞，弄得像老鼠咬的一样。等到中午，趁曹操回家吃午饭时，曹冲就赶紧穿上那件破衣服，装出很忧愁的样子，来到曹操跟前。曹操觉得奇怪，就问他有什么心事。曹冲指着自己穿的衣服上的破洞说："人们都说，谁的衣服让老鼠咬了，谁就不吉利。昨天晚上我的衣服被老鼠咬破了，所以我心里很不痛快。"曹操一听，笑着安慰他说："傻孩子，这都是骗人的话，不要信它。你呀，只要高高兴兴地玩儿，我保证你就没事了。"

正在这个时候，库吏拿着马鞍，慌慌张张地走了进来。他跪在地上，以颤抖的声音把马鞍被老鼠咬坏的事报告给曹操了。曹操听完库吏的话，哈哈大笑，对库吏说："曹冲的衣服放在身边还被老鼠咬坏了，更何况是挂在仓库里的马鞍呢？你回去吧，以后更加小心看管仓库就是了。"

聪明善良的曹冲就这样巧妙地为库吏解除了一场大难。

112 找错了对象

明代浙江绍兴有一个叫徐文长的画家。他不但是位著名的画家，而且对做诗和写书法也很有造诣。他20岁那一年曾经进入学校准备过科举考试，但一直没有考中，只好靠卖诗画过日子。

有一天，徐文长路过一家水果店时，看见里面有又红又润的桃子，很想买一只尝尝味道，就问老板价钱。可水果店老板狡猾奸诈，看到是个穷光蛋，就有意捉弄徐文长。他说："桃子是不上秤的，一百文钱一只，你买得起吗?"

徐文长心里想：'人家都说你做生意奸诈，果然不是空话。好!我这次就来教训教训你。'徐文长掏掏口袋，凑巧还有一百文钱，就全部掏出来交给老板，买下了一只桃子。

奸老板看见徐文长真的掏出一百文钱来买桃子，以为这下占了便宜了，就拿了一只桃子递给徐文长。

谁知徐文长接到桃子后，却不走了。他手里拿着那只桃子，站在水果店门口，一看到有顾客想来买桃子，就大声喊道："桃子是不上秤的，一百文钱一只。"每个顾客一听，都摇头吐舌地说："哎呀!这么贵的桃子谁买得起?"这一天，徐文长从早到晚站在这家店门口，一步都没有离开，结果这家水果店再也没卖出一只桃子。

第二天一大早，还没等水果店开门，徐文长就跑来站在这家店门口，又喊了一整天，当然还是没有人敢买桃子。徐文长这样连续站了三天，让奸老板实在是伤透了脑筋。老板只好向徐文长道歉："先生，我对不起您，我把一百文钱还给您，再给您两斤桃子。请您回去吧。如果您这样站下去，我家店里的水果全都要烂光了。我真的求求您了！"

这时徐文长才对他说："以后你不要过分奸诈，这次只是教训教训你。"徐文长接回了一百文钱，还拿着两斤桃子，回家去了。

113 能使人孝敬的钱财

　　从前，有一对老夫妻，拼命地干活儿，养活了三男一女。老夫妻是各自的配偶死亡后再结婚的。三个儿子是老头子的前妻所生，而女儿是再婚后生的。三个儿子成家后不久，老头子扔下肌瘦面黄的老太太就死了。兄妹中最聪明的妹妹靠学校助学金正在念大学。

　　一天，女儿放假回家看老妈。一到家，她就看见她妈妈躺在床上向自己勉勉强强地挥手。一问，才知道妈妈已经病得好几天下不了地了。儿子媳妇，谁也不来看她，连一碗水都没人给舀过。女儿一听，心里难受极了，急忙把自己带回来的月饼给妈妈吃，又冲了一碗红糖水给妈妈喝。女儿伺候了几天，妈妈就能下地了。女儿去找三个哥哥讲理，可是谁都不肯答应赡养妈妈。

　　女儿只好给妈妈出了个招。女儿先给妈妈缝了个大枕头，然后在枕头里装满圆瓶盖和扁瓦片什么的，摇一下就好像里面装着财宝似的。女儿告诉妈妈："妈!你要记住，晚上枕着，白天抱着，不管你做什么，一定得带着。" 老太太照女儿说的办了，甚至连上厕所的时候也把这个枕头带上。

　　过了几天，老太太的生日到了，所以三个儿子都带着妻

203

子过来看望母亲。他们发现妈妈的行动不同寻常，就盯上了这个枕头，想知道枕头里装的是什么值钱的东西。他们偷偷地问老太太，可是无论谁问老太太都是这么两句话："这是我的命根子，是你爸爸留给我的最后的遗产。"儿子和媳妇一听老太太有钱，都抢着往自个儿家里接，三个兄弟谁都不让谁。最后经过商量，决定轮流各家供养半年。老太太从此过上了好日子。

几年后，老太太旧病复发，女儿听信赶回来的时候，老太太已经不行了。第二天，老太太就去世了。三个哥哥看老太太咽了气，都去抢那个枕头。女儿一把抱住枕头，对哥哥们说："你们先别急，妈妈留下的钱，我一分都不要，等发送完了妈妈，你们每人一份就是了。"

他们兄妹把妈妈发送完时，天已经很黑了。哥哥们也不顾劳累，要把那个枕头里的钱分成三份。可是把枕头打开一看，原来里边并不是钱财，而是废铜瓦片。

 出招 꾀를 내다

114 以烧信打动众人的心

汉献帝建安五年即公元200年，曹操与袁绍在官渡进行了一场具有划时代意义的决战。袁绍出动了十几万兵力，而曹操只有几万人。曹操用偷袭袁绍后方、焚烧袁绍粮草的办法，造成袁绍军心动摇，歼灭了袁军主力，奠定了统一北方的基础。

这一仗刚打完，一位官员抱着一大包信件来向曹操汇报："这些信都是袁绍逃跑后扔下来的，请丞相过目。"

曹操把信件一看，不由得大吃一惊，这包信件中有不少竟然是自己属下的一些文武官员暗地里写给袁绍的。信的内容有的是向袁绍讨好，吹捧袁绍，好给自己留个后路；有的竟然向袁绍表示要脱离曹操的军营，投奔袁绍。

曹操一看，猛地心中升起了万丈怒火：这些混蛋，竟然脚踩两条船，吃里扒外，真是岂有此理！现在你们的证据都在我手里，待我一个一个地把你们抓起来杀掉。但转念一想，写信暗通袁绍的不是一两个人，而是一大批人；尤其其中不少人还是重要的文官、武将、参谋，自己要是想争夺天下，离不了这些人。于是，他经过一番思索，作出决定。他淡然一笑，命令："把这些信统统烧掉！"

送信件来的那位官员一听就愣住了，他惊奇地问曹操："这些信正是那些内奸的罪证，丞相怎么却要把它们烧掉呢？"

曹操笑着说："以前袁绍的力量大，我的力量小，我自己都自身难保，跟随我的人有的要谋条退路也是人之常情，这事怎能怪他们呢？"

那些私通袁绍的人，听说曹操从袁绍营中缴获了一批信件，一个个都吓得六神无主，魂不附体地等待着逮捕杀头。后来听说曹操竟然把那些铁证如山的信件烧掉了，没有一个不感动的。人人都钦佩曹操宽宏大度，有容人之量，都愿意为他效力。

从此，曹操部下人才越来越多，士气越来越高，不断地取得胜仗，终于发展成汉末三国中势力和地盘最大的魏国。

吃里扒外 이쪽 진영의 혜택을 보면서, 몰래 저쪽을 돕다

115 受人欢迎的骗术

唐朝的时候，一位公主患喉内痛疽，疼得不但无法吃饭，连水也不能喝。她饿得一天天瘦下去，到了连生命都不能保住的地步了。这位公主是皇帝的掌上明珠。皇帝急忙叫御医来治疗。御医过来看后说，公主的病只有用手术刀将痛疽割开，使脓血流掉，然后上药才能痊愈。

公主一听要在她喉内动手术刀，立即放声大哭，宁可死也不愿意用手术刀。若是这痛疽长在脚上或者手上，皇帝也许会下命令叫几个人把公主拉住，强制开刀，但她这痛疽长在喉内，硬来是不行的。这时，皇后提醒皇帝利用招贤榜的方法。皇帝同意了，马上叫人出榜招贤。榜文说："若有人能设法治好公主喉内的痛疽，不用手术刀，赏银千两。"

榜文挂出以后，虽然看的人很多，但谁都想不出不用手术刀就能治好公主喉内痛疽的好办法。过了半天，突然一个头戴幞头、身穿皂衫、肩背药囊、手执铜串铃的草药医生，从人群里走出来，把榜文扯下来。守在旁边的官员立即把他带进皇宫。

皇帝一见他，就问："你有什么样的治疗法？"他回答说："我不用手术刀，只用一支毛笔沾点药在公主痛疽上涂一下就行了。"

听说不用手术刀，公主愉快地同意接受草药医生的治疗。这个医生在毛笔上沾上药伸到公主嘴巴里，笔毛在喉内痈疽上一涂，痈疽立刻裂开了，流出了半杯脓血。公主立即感到轻松了不少。医生又敷上一点儿药，很快就痊愈了。

皇帝、皇后和公主都十分高兴。皇帝命人拿出白银一千两赏给草药医生。这时，草药医生马上跪在地上说："臣有欺君之罪，请皇上宽恕。"皇帝说："你说出来，你反正是个救我女儿的恩人，我不会怪罪你。"

草药医生这才放心地说："我为公主治病，用的也是一般的方法和一般的药，并没有什么特别的地方。公主怕用手术刀，而想治好却又非用手术刀割破不可。因此我就在毛笔笔尖里藏着一把手术刀，外面却看不见。我把毛笔伸进公主喉咙，在痈疽上一涂，手术刀把痈疽刺破了，脓血就流了出来。这样一来，我实际已用了手术刀，幸亏公主没有受惊。"

"哦！原来如此。你可放心，你还是我女儿的恩人嘛！"皇帝恍然大悟，不由得开心地放声大笑，并伸出拇指赞叹说："你是我见过的人中最聪明的一个！"

116 百里溪夫妻重逢

　　秦人百里溪在外游荡数年后，被秦穆公请回秦国，拜为宰相，与分别30年的老夫人巧遇相会，被人传为佳话。

　　30多年前，百里溪与夫人杜氏成婚。婚后生有一子，一家三口生活得很惬意。百里溪很有才能，总想外出干一番事业，但又舍不得这个家，所以，一直没有开口。杜氏看出他的心思，于是说道：你有一身本领，不趁年富力强时外出干点事，难道还等老了出去不成？百里溪在夫人的开导下决定出门干一番事业。谁知一走三十年，杳无音讯。

　　百里溪离家后，先后到过齐国、宋国，没人了解他，没重用他，只好讨饭度日。不久，他回到家乡，听说杜氏已携儿外出逃荒，他又到了楚国。楚国人仍没有发现他这个人材，只好给人放牛。后来，秦穆公听别人说他很有才华，就用五张羊皮把他买了回来，封为宰相。

　　一日，百里溪请客，大厅里人来人往，高朋贵客满座，好不热闹。

　　百里溪的夫人杜氏正好在府上当洗衣服的佣人。她见大厅热闹非凡，就凑过去看见堂上宰相像自己失散多年的丈夫，由于离得很远，看不清，她认不准，也不敢相信事情会这样巧合，为了探听新宰相到底是不是自己的丈夫，她忽然想起了宰鸡、煮小米饭为丈夫送别的情境，于是他在堂上唱道："百里溪，熬白菜，煮小米，灶下没柴火，劈了门闩炖母鸡。"

百里溪正在大厅招待贵客，忽然听到洗衣妇的这段唱词，不觉愣住了：30年前与妻子离别时的情境历历在目。他急忙跑下堂来，抱着老妻哭了。

惬意 만족스럽다 **杳无音讯** 감감무소식이다
历历在目 눈앞에 있는 듯 생생하다

117 千里送鹅毛

　　唐朝贞观年间，西域回纥国为了表示对唐朝的友好，派使者缅伯高带了一批奇珍异宝去拜见唐太宗。在这批贡物中，最珍贵的要数一只罕见的鸟——白天鹅。

　　缅伯高最担心的就是这只白天鹅，万一它有个三长两短，可怎么向国王交代呢?所以，一路上，他亲自给白天鹅喂水喂食，一刻也不敢怠慢。

　　一天，缅伯高来到沔阳河边，想把白天鹅带到河边让它喝个痛快。谁知白天鹅喝足了水，展开翅膀，飞上了天! 缅伯高向前一扑，没能抓住白天鹅，只拔下几根羽毛。一时间，缅伯高捧着那几根雪白的鹅毛，发了半天的呆，脑子里想:"怎么办?进贡吗?拿什么去见唐太宗呢?回去吗?又怎么去见回纥国王呢?"他拿出一块洁白的的绸子，小心翼翼地把鹅毛包好，又在绸子上题了一首诗:"将鹅贡唐朝，山高路遥遥。沔阳河失宝，回纥情难抛。上奉唐天子，可饶缅伯高?礼轻情意重，千里送鹅毛!"

　　缅伯高带着珠宝和鹅毛，不久就到了长安。唐太宗接见了他，缅伯高献上珠宝和鹅毛，唐太宗看了那首诗，又听了缅伯高的诉说，觉得虽然鹅毛算不得什么贵重的东西，但是缅伯高如此珍视鹅毛，不远千里小心翼翼地送来，其中的深情让人感动。于是唐太宗高兴地接受了这根鹅毛。这样，缅伯高也算完成了进贡任务。

118 捉迷藏

　　有一个故事少年朋友们都十分熟悉。这故事说的是司马光小时候与一群孩子在花园里玩捉迷藏。一个孩子一不留神跌进了一口大水缸。缸高水深，孩子们不知所措。在这危机关头，司马光急中生智，搬起一块大石头，砸破水缸，救出了小伙伴。

　　这大智大勇之举，一时传为佳话，流传至今。司马光是北宋时人，从这个故事可以知道，捉迷藏这种游戏在北宋时已经很流行了。

　　从目前看到的文字记载来推测，捉迷藏这种游戏至迟可能在唐代就已出现了。元代人伊世珍在一本书里引述过一个故事：

　　唐明皇和杨贵妃常常喜欢玩捉迷藏，在皎洁的月光下，用锦帕蒙住双眼，"在方丈之间，互相捉戏"。由于杨贵妃手脚轻捷灵便，杨贵妃捉唐明皇很容易，而皇上捉杨贵妃就难了。

　　游戏中，唐明皇的每一次失误，都引起边上围观的太监、宫女们抚掌大笑。一天晚上，杨贵妃在衣服袖子上，挂了许多流苏香囊，与皇上逗着玩耍。唐明皇屡捉屡失，杨贵妃故意用香囊引逗，皇上捉不到人，只抓住许多香囊。游戏结束

213

后，唐明皇笑道："我比贵妃差多了。"

　　明代有一种儿童游戏叫"摸瞎鱼"，同捉迷藏有异曲同工之妙。"摸瞎鱼"，由许多儿童手拉绳子围成"围城"，中间空出一块地方。"围城"中有两个小孩，各用手帕蒙住眼睛。一个小孩手执木鱼，边敲边转移，尽量不让对方摸着，为"瞎鱼"。另一个小孩循声去摸，"以巧遇夺鱼为胜"。被摸到的"瞎鱼"，淘汰出局；摸到"瞎鱼"者改执木鱼，充任"瞎鱼"，摸鱼者则从充当"围城"的孩子中轮流入局。这个游戏就像是京剧里的"三岔口"，一定是趣味盎然。

　　在清代，民间将捉迷藏称作"扎盲"，东北的儿童俗称为"藏猫儿"。如今，捉迷藏、藏猫儿、扎盲三种说法都仍然并存。

捉迷藏 술래잡기　**异曲同工** 서로 다르나 똑같은 효과가 있다

119 淮南为橘，淮北为枳

春秋时期，齐国大夫晏婴出使楚国。楚王看不起身材矮小的晏婴，就让人在大城门旁边又开了一个小门，然后关闭城门，让晏婴从小门里进去。晏婴站在门外，义正词严地说："出使到狗国去，当然要从狗门进去。我现在到的是堂堂大国楚国，是不应当从狗门进去的。"出来迎接的官员赶紧把晏婴的话一字不漏地报告给楚王，楚王只好下令把城门打开，迎接晏婴入宫。

晏婴拜见楚王，楚王傲慢地对他说："齐国难道没有人了吗?"大家都听出楚王的言外之意是说："怎么派你这样的人来楚国?"不禁暗暗发笑。晏婴毫不迟疑地答道："齐国派遣使者的原则是：'贤者出使贤国，不贤者出使不贤国。'我无才无能，所以齐王就派我出使贵国了。"

楚王被说得脸色都变了点儿，便悄悄地对身边的侍从说："他善于雄辩，我想侮辱他一番。"侍从听了楚王的吩咐，就把一个被反绑双手的人推了上来。

楚王装做好奇的样子，问："干什么的?"侍从大声回答："回大王，这是个齐国人，在我国犯了盗窃罪。"

楚王得意地看着晏婴说："齐国人是不是都会偷盗啊?"晏

婴不慌不忙地说:"我听说橘树生在江南叫'橘',生在江北就叫'枳'。它们枝叶长得非常相似,但果实味道截然不同,这是水土不同的缘故。这个人生在齐国,从来不知道怎样偷盗,到了楚国就学会了偷盗,之所以会有这么大的差别,是水土不同造成的。"

楚王想方设法发要戏弄晏婴,反而被晏婴嘲弄了一番,他再也不敢瞧不起这位身材矮小的齐国大夫了。

120 孔融仗义勇为

孔融的字叫文举，年幼的时候就有特殊的聪明才智。十岁时，跟着父亲到了京城洛阳。当时河南尹李膺处身行事很慎重，不轻易接待一般的读书人和客人，曾吩咐守门人：假如不是当代名人和跟我家世代有交往的亲戚朋友，都不要禀报。孔融想看看他这个人，所以就来到李膺家门口，告诉守门人："我是李先生世代交往的老朋友的子弟。"守门人禀报给李膺，李膺就把孔融请进来，问他说："您的祖父曾经和我有过老交情吗？"孔融回答说："是的。我的先人孔子和您的先人李老君，品德道义都一样高，他们相互间既是师生关系，又有朋友情谊，那么我和您就是世世代代的老朋友了。"在座的很多客人没有一个不赞叹的。太中大夫陈炜来晚了点，有个客人就把孔融刚才拜见李膺的情形告诉他，陈炜说："人嘛，小时候聪明伶俐，长大了未必出类拔萃。"孔融紧接着说："看您说的这个意思，您可能小时候就不聪明吧！"李膺哈哈大笑，说："你这位高明将来一定是个了不起的人物。"

山阳郡的张俭被中常侍侯览怀恨在心，侯览写出通缉令下发各州各郡，指名逮捕张俭。张俭和孔融的哥哥孔褒有老交情，就逃到孔褒家，恰好孔褒不在家。当时孔融十六岁，张俭觉得他太年轻就没把自己的心事告诉他。孔融见他为难的样子，就对他说："我哥哥虽然出门在外，难道我就不能替您想想办法吗?"于是就留他住下来。后来事情泄露了，郡里副官长以下的官员，秘密到孔融家里逮捕张俭，张俭逃走了，于是就把孔褒、孔融逮捕关进监狱。他们两人都不知道将判谁的罪，孔融说："窝藏张俭的是我，应当判我的罪。"孔褒说："他来找我，不是弟弟的过错，我甘心承担罪名。"官府的人问他母亲，他母亲说："家里有事，由长辈承担责任，我来承担这个罪名。"一家人争着去死，县里郡里都犹豫不能定案，于是请求朝廷审理。皇帝下了诏书，最后判了孔褒的罪。

　　孔融由这件事不但出了名，而且受到人们的敬仰。

📖 怀恨在心 원한을 품다

南北朝时的梁朝，有个画家叫张僧繇。他画龙画得特别好。有一次，他在金陵安乐寺的墙壁上画四条龙，画得非常逼真，可都没有画眼睛。人们都觉得奇怪，就去问张僧繇："你为什么不把眼睛画出来?"他说:"眼睛可不能轻易画! 画上眼睛，龙就会飞走的。"大家听了，谁也不信，都认为他在吹牛。后来，张僧繇经不起人们一再的请求，他只好答应把龙的眼睛画出来。

他举起笔，在眼睛该有的两条龙位置上，一点上，忽然刮起了大风，刹那间破壁，刚点上眼睛的那两条龙飞腾上天。另外两条没有点眼睛的龙却在墙上纹丝不动。围观的人，个个看得目瞪口呆，对张僧繇更加佩服了。

成语'画龙点睛'就是从这个传说般的有趣的故事中来的。现在一般用来比喻写作或者讲话时，在关键性的地方用上一两句精辟的语言来，使全篇内容更加生动有力。

📖 **金陵** 지금의 남경　**经不起** 견뎌내지 못하다　**目瞪口呆** 어안이 벙벙하다

122 快乐的秘诀

　　邻国的国王成天郁郁不乐，没有一点笑脸。王后找来御医要他一定把国王的病治好。御医告诉王后，只有找到一个既没有烦恼又永远快乐的人，才能把他的病治好。于是，王后召集宫里所有的各路高手，命令他们找来一个这样的人。早就耳闻阿凡提大名的一位大臣，千里迢迢来到阿凡提的家乡，找到他时，他正在田里用犁犁地。大臣向他施礼问候过后问道："阿凡提，听说你一直都快乐，是真的吗?""当然，我头脑里的每一根神经每天都处在高度的兴奋状态中，我没有一天是不快乐的。"

　　听他这么说，大臣恳求阿凡提跟他去一趟他的国家，并把此行的目的告诉了阿凡提。阿凡提听后禁不住大笑起来。"请阁下转告贵国的国王陛下，从前我也曾不快乐过，但有一天，当我因没有鞋子而沮丧，而在清真寺前看到一位没有双腿的人可怜地向我伸手，从那时起我便学会永远快乐了。"

　　郁郁不乐 마음이 우울하고 답답하다　**迢迢** 까마득히 멀다

123 包拯的机智故事

　　包拯当扬州天长县的县令时，有个农民向他告状，说耕牛的舌头被人割掉了。宋代为保护农业，严禁屠宰耕牛。"谁割了耕牛的舌头呢？"包拯双眉紧缩，他把那个农民叫过来，问道："你到县里告状，别人知道吗？"农民回答："不知道！"包拯再问："耕牛的舌头被割去的事，邻居知道吗？"农民回答说："我没嚷，就来县里。周围的人家还不知道呢！""好！"包拯有了主意，悄悄对那个农民说："你回去偷偷的把牛杀了，把肉卖出去。一定要做得秘密。我自会找到割牛舌的人。"

　　农民回家后果然按包拯的嘱咐做了。这时有个人跑到县里告发那个农民私宰耕牛。包拯盯着告状人说："你为什么割掉人家耕牛的舌头呢？"那个人惊呆了。原来他正是牛主的仇人，想害牛主，便悄悄割了牛的舌头。他认为牛不能吃草，牛主只好将牛杀死，就会犯私宰耕牛的罪。包拯就这样将计就计，终于找到了割牛舌的人。

　　将计就计　상대방의 꾀를 역이용하여 공격하다

124 狐假虎威

　　有一天，一只老虎肚子饿了，从虎洞里走出来，想找些东西吃。它找了半天，没有发现其他的动物，只有找到一只狐狸。老虎饿得肚子里叽里咕噜地直响，一见到狐狸，马上抓住它，要把它吃掉。狐狸虽然心里很害怕，但装出一点儿都不怕的样子，张大嘴说："你敢吃我？你知道吗？我是上帝派下来管理众兽的，连你也得归我管。如果你吃了我，那就违忤了上帝的尊意。"

　　"你在胡说什么？"老虎嘴里虽然这样说，内心却有些怀疑。狐狸察觉到老虎在怀疑，就更加大胆地说："如果你不信，我们一起去森林里走一趟，你看看那些野兽见到我有什么反应，就知道我不是骗你了。"老虎答应了，于是狐狸在前，老虎在后，向森林走去。百兽看见它们，果然害怕得不得了，都纷纷逃命。狐狸很得意地说："怎么样，你现在看见我的威风了吧？"

　　老虎虽然不是十分肯定，也只好相信狐狸的话了。其实，它哪里知道，狐狸是凭借老虎的威风，才把那些野兽吓走的。

　　叽里咕噜 꾸룩꾸룩　**张** 벌리다　**违忤** 거스르다, 거역하다
　　逃命 생명의 위험을 느껴 도망치다

125 音乐天才莫扎特

　　奥地利著名作曲家莫扎特的父亲老莫扎特是国家剧院乐队的指挥。一天，老莫扎特为国家剧院院长的女儿创作了一首小步舞曲，叫莫扎特送去。

　　莫扎特接过乐谱便出了门，不料走在半路上，一阵大风刮来，竟把莫扎特手里的乐谱刮跑了。莫扎特一边哭，一边追，乐谱已被风刮得四散分离，无法收拾了。望着这残缺不全的乐谱，莫扎特无可奈何。为了弥补这一失误，莫扎特想了一个绝妙的办法：冒名顶替。于是他来到一个小伙伴家里借了笔和纸，另写了一首乐谱，送到了院长家里。

　　第二天，院长带着女儿来拜谢老莫扎特，他握着老莫扎特的手高兴地说："先生，太妙了，您的舞曲真是太妙了。"说完便叫女儿把那首小步舞曲弹一遍。

　　老莫扎特一听，便怔住了，这不是他写的乐章。他拿过乐谱，问莫扎特是怎么回事。莫扎特只得实说。老莫扎特听了以后，比人家夸赞自己的作品还高兴。

小步舞曲 미뉴엣　　冒名顶替 남의 이름을 도용하다

阿基里斯腱

　　从踝骨后面的脚后跟连接到腿肚子的腱子叫阿基里斯腱，这对步行来说是最重要的部位，如果剧烈奔跑的话，会造成断裂而不能走路。这个阿基里斯腱的名称来源于希腊神话中的英雄阿基里斯。

　　阿基里斯的身世与众不同，他的父亲虽是人类，但他的母亲西蒂斯却是海神涅柔斯的女儿。西蒂斯生下阿基里斯之后，把他浸泡在奔流于现世与阴间之间的斯提克斯江里。这样做是为了让自己的孩子以后刀枪不入。但，因为西蒂斯是抓着阿基里斯的脚后跟将他泡在水里而脚后跟没有沾到水，所以这个部位跟普通人一样会受伤。这个部位就是阿基里斯的唯一的缺点。

　　作为在希腊军最厉害的将帅参加特洛伊战争的阿基里斯显得很勇猛。但是因为特洛伊王子已经知道了他的缺点，于是用有毒的箭射向阿基里斯的脚后跟，最后杀死了阿基里斯。后来，人们把这个部位叫做阿基里斯腱，同时也以'致命弱点'之意的代名词脍炙人口。美国的黑人暴乱和在日本持续发生的火山活动都堪称这两个国家的阿基里斯腱。

　　与众不同 남다르다

127 名落孙山

　　委婉的表达可以避免刺激对方。宋朝吴地人孙山，有一年动身到省城去赶考，同乡的人托他把自己的儿子带去一块参加考试。

　　孙山就答应了，两个人一同去参加考试。考试结束后，朝廷张榜公布成绩，孙山前去查看，从头看到尾才发现自己的名字，原来他的名字被排在倒数第一位。尽管是最后一名，但也是榜上有名，可是同乡人的儿子却没有考中。孙山没有和同乡熟人的儿子一起返乡，自己先回到家乡。那位同乡人得知孙山回家，急不可耐地跑到孙山家里询问自己儿子的成绩。孙山很为难，不知该如何回答，直说肯定会伤他的心，隐瞒也不是办法，情急之下，他随口念出两句诗来："解名尽处是孙山，贤郎更在孙山外。"

　　意思是说，考取名单的最后一名是我孙山，您儿子的名字还在我孙山的后面。言外之意是您的儿子没考中。孙山用婉转曲折的言辞回答显得有礼貌，如果直言"您的儿子落榜了"，就太刺激对方。"名落孙山"现在已经成为"落榜"的代用语，今天用"名落孙山"这个成语，就算不上婉言法了。

📖 **得知** 알게 되다　**贤郎** 상대방의 아들을 높여 부른 호칭

128 大器晚成

　　东汉末年，有一个很有学问的人，名叫崔琰。他自幼喜爱武艺，直到二十三岁才开始读《论语》《韩诗》，拜师学习。

　　崔琰开始在袁绍的军队没有军纪，经常干一些挖坟盗墓的事情，于是就劝说袁绍，让袁绍整顿军纪。袁绍认为他说得很对，就听从了他的意见。

　　曹操在官渡之战中打败了袁绍，崔琰从此成为曹操手下的谋士，为曹操出谋划策，深得曹操的信任。

　　曹操觉得三儿子曹植文才出众，打算把他立为太子。崔琰知道后，不顾和曹植的亲戚关系，极力劝说曹操改变主意。

　　崔林是崔琰的堂弟，性格内向，沉默寡言，很多人都认为他成不了大器，都看不起他。

　　但是，崔琰却非常器重崔林，经常在别人面前夸他说："人的发达有迟有早，才能大的人需要长时间才能成器，尽管崔林现在没有什么成就，但以他的见识和才干，将来一定能够做一番大事业。"

　　崔琰的判断十分正确，崔林后来在魏武帝时期当上了大司空的官，取得的成就比崔琰还要高。

这个成语出自于《道德经》，大才需要经过长期的磨练方能成就。能担当重任的人物要经过长期的锻炼，所以成就较晚。

 器重 중시하다, 신임하다

129 东窗事发

岳飞是南宋著名的抗金英雄。他力主抗金，对当时的宰相秦桧构成很大的威胁。秦桧一向反对抗金，害怕战争会影响到他的权位，所以竭力主张投降。他指使别人诬告岳飞谋反，把岳飞逮捕入狱。

岳飞是忠义之臣，不肯招认，秦桧无法将他定罪。秦桧和他的老婆王氏在卧室东窗之下秘密地商量对策，王氏说："应该尽早除掉岳飞，否则后患无穷！"秦桧听从王氏的话，派人伪造证据，把岳飞和他的儿子岳云及部将张宪诬陷成罪，并以"莫须有"的罪名，把岳飞等人杀死。

秦桧不久之后便死了。又没多久，他的儿子秦熹也随他而去。王氏感到不对劲，便请来一个道士作法。那道士在阴间见到了秦熹，便询问秦桧的下落。

秦熹回答说在丰都地狱。道士赶到丰都看到秦桧戴着枷锁，遭受各种刑罚。

道士问秦桧有什么话要带给王氏。秦桧哭丧着脸说："请告诉我夫人，就说东窗事发了。"

道士回到阳世后，把秦桧的话转告给王氏，不久后，王氏也死去了。

这个成语出自于明朝的著作《西湖游览志余》，比喻阴谋败露，将受到惩治。

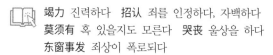

竭力 진력하다　**招认** 죄를 인정하다, 자백하다
莫须有 혹 있을지도 모른다　**哭丧** 울상을 하다
东窗事发 죄상이 폭로되다

130 刎颈之交

战国时期，蔺相如因为完璧归赵为赵王挽回了面子，赵王打算把蔺相如封为上卿，地位比大将军廉颇还要高。

廉颇在前线奋勇杀敌，为赵国立下了汗马功劳，看到蔺相如仅凭口舌之利，居然取得比自己还要高的地位，心里很不服气，总想找机会教训蔺相如一番。

一次，蔺相如乘车出门，在路上遇到了廉颇。廉颇故意挡住了蔺相如的去路，蔺相如不但没有生气，反而绕道而行，避免了和廉颇发生正面冲突。

蔺相如的门客听说此事后，都非常生气，认为蔺相如没有胆量，纷纷提出要离开。

蔺相如对他们说道："我连秦王都不害怕，怎么会怕廉颇将军呢？赵国之所以能够和其他国家对抗，是因为武有廉颇将军，文有我蔺相如，我只不过是不想因个人恩怨而置国家利益于不顾罢了！"

后来，蔺相如的话传入廉颇耳中，廉颇感到非常惭愧，于是就脱去上衣，光着身子，背着荆条向蔺相如请罪。蔺相如原谅了他。由此，他们二人成了同生死、共患难的好朋友，团结一致为赵国效力。

这个成语出自《史记·廉颇蔺相如列传》，情谊深厚，可以同生死、共患难的朋友。

 前线 전방　**汗马功劳** 전쟁에서 세운 공로　**光** 벗다

131 难能可贵

　　子路、子贡和冉有都是孔子的弟子。子路以勇敢著称，他六十三岁时做卫国大夫孔悝的家臣。鲁哀公十五年，卫国发生内乱，孔悝被窃。子路得知消息后，立即去京城救孔悝。

　　在城外遇到卫国大夫高柴由城内逃出，高柴劝子路不要进去，子路说："我做孔悝的家臣，拿孔悝的俸禄，就应该去救孔悝。"他进城后被杀。

　　子贡以口才著称。叔孙武叔曾说子贡比孔子更加贤能。子贡知道后说："用围墙来做比喻吧，我的墙齐肩高，站在墙外就能看到我家里富丽堂皇；孔子的墙几丈高，如果找不到门进去，就看不见里面雄伟壮观、多姿多彩的景象。

　　进得去门的人太少了，叔孙先生这么说，也是可以理解的!"

　　冉有有治国之才。鲁国大夫季康子问孔子："冉有可以从政吗?"孔子回答说："冉有才能众多，从政有什么不行的?"季康子就请冉有辅佐自己。

　　鲁哀公十一年，齐国军队攻打鲁国，冉有力排众议，率领鲁国军队抵抗强敌，获得了胜利。

宋代的苏东坡说:"子路之勇、子贡之辩、冉有之智,这三项才能,都是天下人所说的难能而可贵啊!"

　　这个成语出自《论语》和苏轼的《荀卿论》,指不容易做到的事居然能做到,非常了不起。

 以~~**著称** ~~로 저명하다

132 后生可畏

孔子在游历的时候，碰见三个可爱的小孩子。他们其中两个在一起快乐地玩着，而另外一个却站在旁边看着。爱玩是每个孩子的天性，这个小孩为什么不和其他两个人一起玩儿，而是站在一旁看着呢?想到这里，孔子便开口问那个小孩子。

小孩很认真地回答道:"激烈的玩耍可能会伤及人的性命，一般的玩耍也可能会伤及人的身体; 即使身体不受到伤害，弄坏了衣服也是不好的。这就是我不和他们一起玩的原因。"小孩的一番话让孔子感到很吃惊。不一会儿，小孩又用泥沙堆起来一座城堡，然后自己坐进去，很长时间都不出来，更不给孔子让路。孔子问道:"你怎么不给我让路呢?"小孩回答说:"你在哪里看到过城堡给车子让路啊!"孔子听后更加吃惊了，不禁夸奖道:"你这么小就懂得这么多道理，真是不简单啊!"

小孩不但没有感谢孔子的夸奖，反而反驳道:"我听说，马生下来，三天就能围着母马转圈;兔子生下来，三天就能在地里跑，这些都是自然的事，与大小无关啊!"孔子听后，惊奇地说道:"太好了，我现在才知道后生可畏啊!"

这个成语出自《论语·子罕》，形容年轻人的前途光明。

133 著名的男高音的歌唱秘诀

世界著名的男高音帕瓦罗蒂在年轻的时候，刚刚开始在音乐界声名远扬，不但整个人一直非常紧张，而且他觉得他用来唱歌的嗓子不堪重负。

有一次，他在全世界巡回演出，非常疲惫。晚上他在一个酒店里翻来覆去睡不着，生怕自己再唱下去，嗓子会支撑不住。

这个时候，隔壁的客房里有个小婴儿在不停地哭闹。显然，这孩子是个哭夜郎，一直在一声接一声地哭。帕瓦罗蒂烦恼极了。

他越睡不着觉，就越烦，就越睡不着觉。突然，帕瓦罗蒂想到一个问题：这个小婴儿哭了几个小时了，为什么声音还那么洪亮？他已经不想睡了，认真地听，细细地想。

后来他终于发现了，由于小婴儿一切都没有发育，他是不会单独用嗓子的，婴儿的哭声用的是丹田之气，所以嗓子不会嘶哑。

帕瓦罗蒂想明白了：我们成年人的身体的各个部位可以独立运用，唱歌时独立运用的是嗓子，唱不了多长时间就会嘶哑。如果我们学会用丹田运气的话，也许就会省了嗓子。

帕瓦罗蒂得到这个启发，就开始学着练习运用丹田气唱歌，这使得他的歌唱艺术得到了飞跃。不仅这一次巡回演出大获成功，而且奠定了他在世界歌剧舞台上崇高的地位。

 **不堪** 견딜 수 없다　**启发** 깨달음을 얻은 힌트

134 不修边幅才成为专家

著名物理学家牛顿从小就是一个只知迷恋书本而不修边幅的人。在年轻的时候，他虽没有忘记谈情说爱，但却不够'专心致志'。

一次，年轻的牛顿热情奔放地向一位姑娘求婚。能得到这样一位青年科学家的钟情，姑娘自然感到幸运。牛顿轻轻地握着她的手，含情脉脉地望着这位漂亮的少女。

忽然，科学家的思想跑到另一个世界去了，满脑子净是些符号和公式，完全忘记了身边的情人。他的手抓着情人的一个手指，误为捅烟斗的通条，硬往他的烟斗里塞，痛得姑娘大叫起来。牛顿这才数学王国里跳出来，明白自己犯了一个大错误，赶紧向姑娘道歉说："啊，亲爱的，饶恕我吧！我知道，这是不行了。看来，我这个人该一辈子打光棍。"

还有一次，牛顿约请一位朋友来吃饭，朋友按时赴约，但牛顿仍然在实验室里工作。

直到饭菜上桌了，他仍没有回来。那位朋友左等右等，实在不耐烦了，就自己先吃了起来，吃完后，把鸡骨头留在盆子里，然后不辞而别了。

牛顿做完了实验，回到饭桌旁一看，盆里放着鸡骨头。

他若有所悟，自言自语地说：“啊，我还以为没吃饭呢，原来已经吃过了。”

不修边幅 겉치레에 신경 쓰지 않다　含情脉脉 애정을 은근히 드러내다
左等右等 조바심 내며 초조하게 기다리다　不辞而别 말도 없이 떠나다

135 一举两得

    战国时代，韩国和魏国打了一年多的仗而没分出胜负。当时秦惠王很想去攻打韩、魏两国，称霸诸侯，但是大臣们有人赞成，有人反对，一时决定不了。这时，楚国的使者陈轸来到秦国，秦惠王就把大臣们的不同看法告诉陈轸并征求他的意见。陈轸给秦惠王讲了春秋时鲁国大夫卞庄子刺虎的故事：

    从前，有个叫卞庄子的勇士，他看见两只老虎闯进一家牛栏，咬死了一头牛，他拔剑要去刺杀老虎。有人劝阻他说："这两只虎争吃牛，必然会打起来，等一只被咬死，另一只被咬伤时，你再动手。"果然，小的一只虎被大的咬死，大的一只虎也被咬伤，卞庄子乘机杀死打伤的老虎，一举得到两只虎。

    故事讲完了，陈轸对秦惠王说："现在韩魏两国相争已经一年多了，其结果必然是大国受伤，小国灭亡，到那时秦国再去征伐那个受伤的大国，就等于征服了两国，一举两得，如同卞庄子刺虎一样。"秦惠王听了，认为他说得很有道理。

    等到魏国打败了韩国，魏国自己也损失惨重时，秦国不失时机地出兵，征服了魏国。

📖 **不失时机** 기회를 놓치지 않다

136 自以为聪明的驴

有一个商人，每天用一头驴，把各种东西从甲地买了并搬运到乙地，然后把它们卖掉，从中获取利益，他这样赚到了很多钱。有一天，商人赶着驴，到海边去买盐。

每天驮着很多东西搬运的驴，这天怎么搞的，驮起一大包的盐，觉得格外笨重，走起路来，实在是太累了，简直是不想做活儿了。

但它把搬运东西当作自己该做的事，鼓起勇气，一步一步地向前走。

他们在赶路的时候，要经过一条小河。驴边走，边想着一些事情，因为走路走得不留神，于是踏进河里的时候，踩到青苔，滑了一跤，整个身子都跌进河里去。等它爬起来时，它所载的盐包，因为浸到水而溶化多了，结果它的担子减轻了，它的心情也轻松多了。

后来有一次，商人又把驴带到海边去，但这次买的不是盐，而是海绵。驴子驮着东西走着走着，又走到河边，它心想："我就假装踩青苔跌入河里去吧！这一来和上次一样，东西一定会减轻了。"于是驴跌到河里，倒在水里。

结果，海绵吸了水，使它的重量大大地增加了，驴再也站不起来，在水中淹死了。

这头驴究竟犯的是什么错误呢？它自以为是地把驮盐的经验搬到驮海绵上去，从而让自己丢了性命。有些人也是这样，他们由于自己的心计，在不知不觉之中使自己陷入了不幸。

 青苔 이끼　**自以为是地** 우쭐거리며

137 酒杯里的蛇影

　　从前，有个人在外地做官，成天忙着办公务，很少有时间跟老朋友交流。有一天，从家乡一位老朋友专程找他来了。他格外高兴，推辞了一切公务，专门在家里备好一桌酒席款待老朋友。他们同时举起酒杯喝起酒来了。那朋友拿着酒杯正在把酒倾倒在嘴里时，忽没忽现地看见酒中有蛇。他一阵恶心，但为了避免散风，还是勉强把酒喝下去。回到家里这位朋友就病倒了。

　　做官的朋友听到这个消息，探了个究竟，终于想到家里的墙壁上挂着的那张涂漆的角弓。他估计所谓杯中的蛇，一定是这张角弓的影子。于是，官人朋友再请那位家乡朋友到自己家来喝酒。

　　官人把酒杯放在原来的地方，对他的朋友说："酒杯里还看见什么东西了吗?可以。"朋友答道："啊! 现在所看见的和上次看见的一样。"

　　官人指着角弓把酒杯里有蛇影的原因告诉了他。那位朋友听完解释，再看看墙壁上挂着的弓，端起酒杯又看看酒杯里有蛇影，这才豁然开朗，原来他以为把酒杯中的蛇喝到肚子里去了，回家后生了一场大病的。这次疑虑全消，生了已

很久的病　下了就治愈好了。

这个故事告诉我们, 在生活中无论遇到什么问题, 我们不应该在那儿自我猜测, 自我假设, 给自己增添一些莫须有的心理负担, 而应该多问几个为什么, 要通过调查研究去弄清事实的真相。

 散风 분위기를 흩뜨리다

138 忽悠闲忽急促的塞壬

　　特洛伊战争中取得胜利的奥德修斯的船，回来希腊的途中因遇到暴风而掉队。历尽千辛万苦，终于到了地中海沿岸，当时那个地方被各种各样的怪物盘踞着。

　　尤其是有一种叫塞壬的由三个姐妹组成的人首鸟身的怪物。她们的行动给人们造成严重的后果，如果有船只经过那附近的话，她们会唱好听的歌蛊惑船员。

　　一旦听她们的歌声，无论是谁，不禁地失神而把自己的船只开向海里触礁而沉，船员最后成为她们的腹中餐。

　　幸亏奥德修斯知道她们居住的地区。所以自己的船靠近她们的巢穴时，让船员用蜡堵住他们的耳朵，还让他们把自己的身体紧紧地绑在位置于船中央的桅杆上。然后严令他们说："不管我怎么挣扎怎么喊叫，你们绝对不能解开我。你们只顾尽力而划桨就行了。"

　　不久听起塞壬的歌声来，奥德修斯疯狂地挣扎着要解除束缚并不停地叫喊让他们把船开向塞壬她们那儿。但因为船员们都堵住着耳朵，所以谁都听不见任何声音，看他的模样，只能显露出一副不可理解的表情。

　　船这样越过了塞壬她们那儿，终于平平安安的度过了危

244

机。眼前放跑猎物的塞壬气得忍耐不住而自杀了。

　　马路上我们经常听到的急救车的忽悠闲忽急促的塞壬是由这样一个古代希腊神话中的魔女而来的。

 蛊惑 미혹시키다

139 兔子为什么输给乌龟

　　兔子最喜欢逗笑乌龟。每一次兔子遇见乌龟，它总是逗乌龟说："你走路该快一点儿，人家看你慢吞吞的样子简直要急死的呀！"乌龟听见它的话，当然心里不很开心。

　　有一天，当许多动物在场的时候，兔子又取笑乌龟了。乌龟心里虽然没有把握，为了吐气，敢向兔子挑战："你动不动就逗笑我慢。俗语说'尺有所短，寸有所长'，我们干脆进行一场赛跑比赛吧！"兔子很不在乎地说："笑话！我是环绕着你跑也输不了的。"在场的动物们愿意看热闹，就撺掇兔子，兔子只好勉强地答应了。

　　它们先定赛程，然后选狐狸当裁判。一会儿，只听狐狸的一声"开始！"，乌龟和兔子的赛跑开始了。比赛一开始，兔子很快遥遥领先，而乌龟那沉重的脚步一步一步地踏上比赛的路。

　　过了一段时间，兔子领先了好远，就停下来等乌龟，但等了好久也看不见乌龟的影子。兔子等了久了，就困了起来了，一边打哈欠，一边自言自语说："人家影子都不见，我先到那棵树下睡一点儿，充沛体力，再跑完剩下的路程吧。"

　　兔子躺在树下的草地上，闭上眼睛，呼呼地睡起来了。

就在兔子四脚朝天地睡着的时候，乌龟举着沉重的脚步赶到了，它还超过了正在熟睡的兔子，并且达到了终点。

兔子一觉醒来，就开始赶路，但起来得太晚，已经无法挽救这一觉所耽误的路程和时间。兔子气喘吁吁地跑到终点时，只能听到所有的动物为乌龟发出来的欢呼声。从这则寓言中，我们应该要学习乌龟持之以恒的精神。

逗笑 놀리며 즐거워하다　撺掇 부추기다, 꼬드기다　充沛 넘쳐흐르다
持之以恒 끈기 있게 지속하다

请让我过去

　　'助长'一词来自于成语'拔苗助长'一样，'借光'这条俗语也来自于'凿壁借光'这条成语，而这条成语则来源于古人的一个故事。这个故事说的是汉代人匡衡。匡衡是一个穷人家的孩子，但却是一个对生活充满了希望，对未来充满了幻想，而且好学上进的人。家里没钱买书，匡衡就到一家藏书很丰富的人家打工，声明不要一分钱工钱，唯一的条件就是借主人家的书来看。

　　主人是一个有同情心的人，他被匡衡那种爱书的热情所感动，借了不少书给匡衡读。书的问题倒是解决了，但更重要的问题还没解决了。那就是光源的问题。因为匡衡白天要工作，所以只有晚上才有时间看书，可是家里很穷，晚上没有蜡烛照明。

　　聪明的匡衡想了种种办法，先是借着月光看书，但月光毕竟很微弱，而且常常躲在云层中几天也不肯露一下面。有时他跑到邻居家中去看书，但毕竟不是自己的家，老是打扰人家也不是办法。匡衡左思右想，终于解决了供给光源的问题。他偷偷地在墙壁上凿了一个不起眼的小洞，每天夜里就借着邻居家透过来的一孔之光不解地读书。这样，他一天比一天增长了知识，终于成了一位饱学之士，在汉元帝时当上了宰相。

后人从中提炼出了'借光'这一俗语，再后来，这一俗语就成了请求别人为自己提供方便的意思。如果你坐人们挤满的公共汽车或者地铁，也许会听到有人发出'借光'这样的话音，那就是这条俗语了。

 **不起眼** 눈에 띄지 않다

141 以己及人的邹忌

　　齐国的大臣邹忌，认为国家强盛必须广开言路，听取各方面的意见。但是，君王从来是至高无上，习惯于独断专行，闭目塞听而不以为然。要让君王接受劝谏，直接从正面陈说，是很难获得成效的。邹忌采用了以己及人的方法，不先说国事，不说齐王，而是就自己听好话受蒙蔽的事情加以自责，他说：

　　"我早晨起来整理好衣冠之后问妻子：'我和城北徐公哪个美?' 妻子说我比徐公美得多。再去问妾，妾也说徐公哪里赶得上我呢。第二天，一个客人来访，我问这位客人：'我和徐公哪个美?' 客人回答：'徐公虽然是美男子，但是跟你比起来，还差得远呢。'

　　有一天，徐公到我家里来了，我仔细地端详徐公，觉得他具有一种高雅的气质，自己实在比不上，再照照镜子看，不但比不上，简直差远了。晚上我睡在床上，翻来覆去地思考究竟，悟出了一个道理：妻子说我美，是因为偏私于我；妾说我美，是因为怕我；客人说我美，是因为他有事情请求我帮忙。"

　　邹忌就这个教训向齐王以自责的态度陈述，然后才说到君王治理国家广开言路的重要："齐国地广人多，宫廷里的女人，莫不自私而偏爱君王；朝廷之臣，莫不畏王；四境之内，处处没有求于王的，因而君王很容易受到蒙蔽。"

　　齐王听了邹忌的这番话，很乐于听从，于是下令赏赐进谏的人。邹忌进谏所以获得极大成功，与他善于用以己及人的方法有关系的。不是教训或者指责对方，而是先作自我反省，以己及人，这样，听的人不致反感，而是乐于听取和接受。

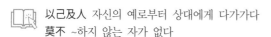

以己及人 자신의 예로부터 상대에게 다가가다
莫不 ~하지 않는 자가 없다

142 屠夫的见识

　　齐国有个杀牛的屠夫，开了一家小肉店，生意还算不错。他虽然是一个平凡的小人物，但是生性达观，对于自己的生活和工作都觉得心满意足，从来没有做过非分的梦想。

　　有一天，国王派一位官员到屠夫家里说亲。那位官员对他说："国王有意把公主许配给你，如果你答应这门亲事，你不但可以得到豐厚的嫁妆和大量的金钱，而且还可以做官。这真是一个千载难逢的好机会，我想你不会推辞吧？"

　　屠夫回答说："我很感谢国王的好意，但是因为我染患了一种无法治好的疑难病症，所以我不能接受。请你代我向国王道歉，并且转达我的谢意。"

　　那位官员走了以后，他的邻居和亲友都责怪他说："你下决心死在这腥臭的宰坊里了事吗？为什么要谢绝这门求之不得的亲事呢？"

　　屠夫向他们解释说："你们以为这是一个好机会，我却不那么想。天下没有那么便宜的事。英俊有为的青年，齐国多得很，国王不把女儿家给别人，偏偏看中了我，一定是公主长得很丑。我虽然是一个屠夫，也不能为了金钱地位而娶一个自己所不喜欢的女人。"

大家虽然觉得他的话有些道理，可是不敢完全相信。他的一个朋友还是觉得莫名其妙，就问："我还是不明白，你怎么会有这种想法呢？"

屠夫说："我是凭宰牛卖肉的经验就这么说的。我是个屠夫，别的事情我不懂，可卖肉我是内行。我的牛肉如果很新鲜，顾客按数量买去，还嫌少了；要是我的牛肉过期而发臭，即使价钱便宜，另外再别的附件添加给顾客，还是卖不出手。现在国王准备丰厚的嫁妆，把自己的女儿要嫁给我这样一个极其平凡的屠夫，正是由于他的女儿丑的缘故啊。"

他的一个朋友后来有机会亲眼看到了国王的那位千金，果然丑得连看都不想再看的地步了。

生性达观 태생이 낙관적이다   **千载难逢** 좀처럼 얻기 힘든 좋은 기회
求之不得 구해도 얻을 수 없다   **千金** 따님

143 小时了了

　　孔融是后汉时期一位很有名的大臣，从小就聪明过人，说话做事，都有条有理。孔融十岁的时候，他父亲有事要到京城洛阳去一趟。他想也该让孔融见见世面，就带着他一块儿去了。

　　孔融虽然年纪很小，见闻已经相当广博了。他早就听说洛阳的李元礼先生，道德学问都很高。当时的知识分子都以认识李元礼为荣，孔融也很想去看看他，希望能得到李先生的教诲。但是他到底还是个小孩子，即使冒冒失失地跑到李元礼府上，恐怕也见不到主人。他把这个问题仔细考虑一番之后，终于鼓起勇气去敲李家的门。

　　李家的用人一看是个小孩子站在门口，有点儿莫名其妙，正想开口问，孔融已经先说话了："我们家跟李先生是世交，麻烦您通报一下，就说一个世交晚辈特别来拜访他。"用人一听说是世交，赶紧进去报告主人。不一会儿，孔融已经由李家用人领着走进客厅，在很多客人面前向李元礼问安。李元礼左看右看，就是想不起这个孩子是哪家老朋友的儿子，最后不得不问他："你说你们家跟我们家是世交，我们两家以前都有过什么来往？"

孔融很镇定地回答说:"我们的祖先孔夫子仲尼,曾经向府上的老子李耳请教过的。所以说府上跟我们家实在可以算是世交了。"大家看到小小的孔融应对得入情入理,都很喜欢上他,都要留他作客,并没有把他当作小孩子打发走。

不一会儿,李元礼的另一位朋友陈韪进来了,有人就把孔融怎么成为客人的经过告诉了他。没想到陈韪并不怎么欣赏,他还冷冷地说了一句:"一个人小的时候聪明,长大了可不一定就能成材。"孔融听了,立刻驳回说:"这么说,我看陈先生小的时候,一定是聪明过人的了。"孔融这么一说,羞得陈韪面红耳赤。李元礼听了,哈哈大笑,指着孔融说:"这孩子将来一定成大器,我们等着瞧吧!"从此孔融就成了李家的常客。

教诲 깨우치다, 타이르다　**冒冒失失** 무모하게, 경솔하게
莫名其妙 영문을 모르다　**入情入理** 이치에 맞다
面红耳赤 얼굴이 귀밑까지 빨개지다

144 '福'字倒贴习俗与马皇后

　　在中国每逢新春佳节，家家户户按照民间传统习俗，都要在屋门上、墙壁上和灶台旁，贴上大大小小的'福'字。'福'字现在的解释是'幸福'，而在过去则指'福气'。古时人们在春节贴'福'字，就是寄托了人们对幸福生活的向往，也是对人们期盼有一个美好未来的真诚祝愿，就有人干脆把'福'字倒过来贴，表示'福气已到'。

　　传说在明代，明太祖朱元璋当年用'福'字做暗记儿准备杀掉自己心中不满意的人。当时凡是朱元璋手下的人家，都接到秘密命令贴上了'福'字。朱元璋的妻子马皇后，是个善良的人，想到自己的丈夫要把没有贴'福'字的人家全部杀掉，觉得太不文明，忍不下去。为了消除这场人为的灾祸，马皇后就悄悄地让全城所有的人家，必须在天亮之前自家门上贴上一个'福'字。马皇后的命令得到了人们的悄悄执行。于是京城里家家门上都贴了'福'字。但还是一户人家不识字，竟把'福'字贴倒了。

　　到了第二天，朱元璋派人上街查看，发现每家的门上都贴上了'福'字，没有区别，分不出哪户是要杀掉的人家。只是看到有一家把'福'字贴倒了，手底下的人只好把这个不一样的情况报告了上去。朱元璋听了，也只好把心里的怒火发到这家人的头上，他就拍案大怒，说把'福'字贴倒过来是说当朝生活不幸福。朱元璋立即下令派兵，要把那家人全都斩首。善良的马皇后在旁边一看自己的丈夫又要滥杀无辜了，连忙对朱元璋说："那家人的情况我知道，那是知道您今天要来访，就是把福气带到百姓家里，所以就故意把'福'字贴倒了，这不是'福已经到了'的意思吗？"朱元璋一听有道理，心中怒气消了许多，加之他要杀的人家，也不是这一家。于是便下令放了这家人，一场大祸被马皇后消除了。

消息传到了民间，人们从此新春之际把'福'字倒贴起来，一是求大吉大利，二也是为了纪念善良的马皇后。

 暗记儿 암호   无辜 무고한 사람

145 桔化为枳

　　春秋时期，齐国大夫晏婴出使楚国。楚王看不起身材矮小的晏婴，就让人在大城门旁边又开了一个小门，然后关闭城门，让晏婴从小门里进去。晏婴停止步走，说:"出使狗国的人，才从狗门进入。我今天到的是堂堂大国楚国，不应该从狗门进去呀!"负责迎接的官员赶紧把晏婴的话一字不漏地报告给楚王，楚王只好下令把城门打开，迎接晏婴入宫。

　　到了宫殿，晏婴拜见了楚王。想要羞辱晏婴的楚王问:"齐国难道没有人了吗? 不然为什么派像你这么不像样的人出使楚国?"晏婴回答说:"齐都临淄有七千五百户人家，人多得走起路来摩肩接踵，怎么能说没人呢!"楚王又问:"既然如此，那为什么派你出使呢?"晏婴回答说:"齐国任命使臣是有原则的，使臣各有出使的对象。如果使臣是贤人，派他出使到贤明的君主;如果是没出息的人，就派他出使恶劣的君主。我晏婴是没出息的人，所以就出使楚国了。"

　　于是，楚王设宴款待晏婴，酒兴正浓，两个小吏绑着一个人过来。楚王问:"被捕的是犯了什么罪的?"小吏回答说:"是齐国人，犯了盗窃罪。"楚王用鄙视的目光看了看晏婴，说:"齐国人天生喜欢偷窃吧!"晏婴离席站起来，说:"您一定听说过， 棵桔子树生长在淮河以南，年年结桔子；如果移植到淮河以北，便只结枳实了。它们的叶子很相似，果子的味道却完全不同，桔子是甜的，枳实却是苦的。为什么能这样呢？是由于水土不同的关系了！同样的人，生活在齐国不偷东西，到了楚国就成了小偷，这一定是楚国的风俗使得百姓善于偷盗吧！"

　　楚王想方设法要戏弄晏婴，反而被晏婴嘲弄了一番，他再也不敢瞧不起这位身材矮小的齐国大夫，却深有感触地说："圣人是不能同他开玩笑的。我本来想辱笑他，现在反而自讨没趣了！"

临淄 山東省 내에 있는 옛 도시 이름　枳实 탱자
想方设法 온갖 방법을 생각하다　自讨没趣 거북함을 자초하다

146 月下老人

　　唐朝时，有一个叫韦固的人。有一次，他晚上在宋城游玩时，看到一个老人端坐在月光下，翻一本又大又厚的书，他身边放着一个装满了红绳子的大布袋。

　　韦固觉得很奇怪，就走过去问那老人看的是什么书。老人回答说是记载天下男女婚姻的书。韦固听后觉得更加奇怪，又问那袋子里的红绳子的用途。老人回答说是用来系夫妻的脚的，不论男女双方是仇人或者距离很远，只要用这些红绳子往他们脚上一系，他们就会结成夫妻。

　　韦固认为那老人是和他开玩笑，但心中仍然充满了好奇，见老人带着他的书和袋子向米市走去，韦固也跟在后面。到了米市，一个盲妇抱着一个三岁左右的小女孩向他们走过来，老人对韦固说："那个小女孩就是你将来的妻子。"

　　韦固觉得老人说的是天方夜谭，便叫家奴去杀掉那小女孩。家奴听令，刺了女孩一刀就立刻跑了。当韦固要找那老人算帐时，那老人却早就不见了。

　　时光如流水，不知不觉间，十年过去了。韦固找到了意中人，即将结婚。对方是相州刺史王泰的女儿，人长得如西施一般，只是眉间有一道疤痕。韦固觉得很奇怪，便询问他的岳父。

相州刺史回答他说：“这件事说起来让人气愤，十四年前在宋城，有一天保姆陈氏抱着她从米市经过，竟被一个恶人无缘无故地刺了一刀，幸亏没有生命危险，只留下这道伤疤！”

韦固听后，回想起十四年前的那段往事，难道她就是当年自己命仆人刺杀的小女孩？于是赶紧追问道：“那保姆是不是一个失明的盲妇？”

王泰觉得蹊跷，便反问他说：“对啊！是个盲妇，可你怎么会知道呢？”

韦固心中的迷团得到证实，真是惊讶极了，一时间说不出话来。平静下来后，他把十四年前在宋城遇到月下老人的事说给王泰听。王泰听后也非常惊讶。

韦固这才明白，月下老人的话不是开玩笑的，他们的姻缘真的是由神做主的。因此夫妻二人更加珍惜这段婚姻，生活恩爱无比。

由于这个故事的流传，人们知道了有位神仙专管人间婚姻的，所以就把这位神仙称为“月下老人”，简称为“月老”。

宋城 지금의 河南省 商丘縣 **听令** 명령을 듣다 **蹊跷** 수상쩍음
天方夜谭 허황하고 터무니없는 이야기, 아라비안나이트

147 替父报仇的干赤

　　楚国干将、莫邪给楚王铸造宝剑，三年才造成。楚王恼怒，想要杀掉他。剑有雌剑雄剑两口。他的妻子怀了孕，就要生孩子了，丈夫告诉妻子说："我给楚王造剑，三年才成功，楚王是要恼怒的，我送去，肯定会杀死我。你生下孩子如果是男的，长大了，告诉他：出门口望望南山，有棵松树长在石头上，雄剑就藏在树背上。"于是，干将便带着雌剑去见楚王。楚王大怒，派内行的人仔细察看宝剑，那人禀告说："宝剑该有两口，一口雄剑，一口雌剑，雌剑带来了，雄剑没带来。"楚王发脾气，立刻就杀了他。

　　莫邪的儿子名叫赤。等到后来长大了，就问他妈妈："我爸爸在什么地方？"妈妈说："你爸爸给楚王造宝剑，三年才成功，楚王恼怒，就把你爸爸杀了。临走时嘱咐我：告诉我们的儿子，出门口望望南山，有棵松树长在石头上，雄剑就藏在树背上。"于是孩子出了门向南面望，没看见有什么山，只见正房前有根松木柱子竖在石础上。于是，他就用斧子砍破柱子背面，找到了雄剑，日日夜夜想着要找楚王报仇。

　　楚王有回做梦，梦见一个孩子，两眉之间有一尺宽，声称要来报仇。楚王就发文告出了千金重赏捉拿他。莫邪的孩

262

子听到风声就逃出家门，躲到深山里，一边走着一边唱着悲歌。偶然遇见了陌生人，问他："你年纪轻轻的，为什么哭得十分悲痛呢?"他回答说："我是干将、莫邪的儿子，楚王杀死我爸爸，我想替爸爸找他报仇。"陌生人说："听说楚王出了重赏要你的头。拿你的头和剑来，我替你向楚王报这个仇。"孩子说："那好极了!"马上就自杀了，两手捧着头和剑送给陌生人，尸体却僵硬地站在那里。陌生人说："我不会辜负你的期望的。"这样，尸体才向前倒在地上。

　　陌生人提着干赤的头去见楚王，楚王非常高兴。陌生人说："这是那个想刺杀您的勇士的头，应当放在大汤锅里去煮。"楚王依照他的话，把勇士的头放到汤锅里去煮，三天三夜还没煮烂。勇士的头从滚水里跳出水面，圆睁着眼睛怒气冲天。陌生人说："这孩子的头煮不烂，希望大王亲自到汤锅边来看看，这样就一定会烂了。"楚王走到锅边，陌生人飞快地抽出宝剑照准楚王的脖子一挥，楚王的头随手落在滚烫的大开水锅里。接着，陌生人又照着自己的脖子一挥，他的头也落在大开水锅里。一刹那间，三颗头都煮得稀烂，再也分辨不出，就只好把那连汤带肉的三颗人头分别埋葬起来，所以笼统地称作"三王墓"，如今还留存在汝南郡的北宜春县境内。

圆睁着眼睛 눈을 둥그렇게 뜨고

148 美洲印第安人究竟来源于何处？

　　美洲大陆，在欧洲殖民主义者染指以前，原是众多土著部落的自由土地，一四九二年，哥伦布登上圣萨尔瓦多岛，狂喜中误将美洲大陆当成了东方的印度，并且一误再误地把包括爱斯基摩人、阿留申人和易洛魁人等在内的当地土著民族一概唤作"印第安人"美洲印第安人的形象一旦显现在人们的视野中，一个颇费猜测而又意义重大的问题便产生了：这些强悍的土著居民究竟最初生活在世界的哪个角落？是在美洲大陆上土生土长，还是从其他大陆迁徙来的呢？从十六世纪以来，围绕这一问题，人们提出了形形色色的解答。

　　早先的猜测来自当时进入美洲大陆传送"福音"的传教士。一位西班牙神父认为，原先居住在巴勒斯坦北部的希伯来人部落，于公元前七世纪时因战祸来到美洲避难而定居下来，他们就是美洲人的真正祖先。十六世纪中叶出版的《多种语言圣经》一书，还指出美洲土著居民的祖先就是圣经人物诺亚的儿子史姆。甚至还有人以传说为据，认为大西洋中曾有过一个阿特兰提斯岛，在一场地震后遭到灭顶之灾。岛上的居民纷纷逃离，其中一部分人来到美洲，成为印第安人的祖先。

　　这类天方夜谭式的臆测显然难以令人置信。十九世纪以来，随着考古学和古人类学等科的迅速发展，一种把印第安人视作民族迁徙结果的见解开始流行。许多学者提出，鉴于对北美洲长久的考古发掘，至今尚未找到类人猿或直立猿之类的人类近亲的遗迹，因此可以认定，美洲印第安人是从西伯利亚移居而来的蒙古族旁系种族或蒙古族以前的种族派生的。持这种见解的有美国的亚历斯·赫古德利克、英国的赫顿·布罗德利克和中国学者黄绍湘等人。在关于移居路线方面，一般都认为是取道北美洲西部的白令海峡，从阿拉斯加岛屿登陆而入的。但对于迁徙的时间，则存在着一些不同看法。有的认为当在二万五千年前，也有人认为至少在五、六万年前，或者认为不过一万年左右，等等。

认为印第安人是亚洲蒙古族后裔的学者，许多是从人种学上寻找证据。他们准确地指出，美洲印第安人与亚洲人在种族特征上最为相近，如头发乌黑粗硬，汗毛稀疏，脸部平宽和颧骨突出等等。最近也有人试图运用考古资料来证明北京猿人是美洲印第安人的远古祖先。他们论证了亚洲远古人类分别从落基山脉西侧和北部进入美洲地区的路线；指出在晚更新世时，亚洲古人类曾多次向美洲大陆迁徙，并逐渐创造了与亚洲东部具有相同特征的文化，因为从目前在东亚、东北亚和美洲发掘出的古人类遗物来看，这些地区的古文化有着密切的内在联系。

作为对上述见解的补充，有人还提出大洋洲人(澳大利亚人、毛里人和波利尼西亚人等)也是一部分美洲印第安人的祖先。他们提出南美洲印第安人在种族特征上与亚洲蒙古人种之间存在一些差异，就是受了大洋洲人的影响。一些地区出土的古人类化石在特征上的共同点表现为；身材短矮、下巴突出、脑壳后伸和眉弓突出等。此外，在最早的印第安人语言中，也存有数百个被认为来自大洋洲的词语。

还有一种不同的意见，认为美洲印第安人的祖先来自南北极，指出地球在形成之后，南北两极最先开始冷却；因此，那里是最早具备了生态条件的地方，能够生长动植物乃至养育人类。

与上述各种"迁徙说"截然不同，也有不少学者提出了美洲印第安人是土生土长的看法。美国的萨穆埃尔·莫尔顿和瑞士的路易斯·阿加西斯等人就持有这种看法。他们指出，正如世界上其他大陆能够产生其他人种一样，美洲大陆所具备的生态条件和环境也能够产生自己的人种；美洲印第安人便是生于斯长于斯的例证。他们在美洲各地分别孤立地演进到全盛时期。甚至还有人由此更进一步认为，地球上所有的人类都发源于美洲大陆，并随后向世界各地扩散。因此，基于这一见解，他们提出了"美洲是人类的摇篮"的论点。

美洲印第安人的起源问题是伴随着美洲"新大陆"的开辟而产生的。在经历了几个世纪的探索和争论后，人们至今仍然是欲穷底蕴而不能。不信，你能提出一个科学的定论吗？

天方夜谭 터무니없는 이야기, 아라비안나이트

266

149 百家争鸣

　　战国时期是中国历史上一次社会剧烈动荡的时代。那时候，社会经济基础和阶级关系发生了很大的变动，各阶级之间为了自身的利益，进行着尖锐复杂的斗争。这种斗争必然在思想文化方面反映出来。不同阶级的代表人物，对于剧烈的社会动荡都在进行各自的分析，努力做出自己的解释，提出治世的药方，批驳别人的思想和主张，极力维护本阶级的利益。一时间各种学派如雨后春笋，纷纷兴起，各抒己见，互相争辩，非常活跃。历史书上把这种生动活泼的局面称为"百家争鸣"。

　　百家争鸣的"百"，并不是实数，而是形容各种学派数目之多。实际上，当时比较重要的只有儒、墨、道、法、名、阴阳六家。此外，还有农家、纵横家、杂家等等。这么多思想家，研究的是同一对象即他们所处的动乱的社会，但是由于各人的立场和处世态度不同，他们的学说就各不相同。有的互相对立，有的大同小异，真是众说纷纭，五花八门，说起来倒是挺有意思的呢。下面简略地介绍几家学说的内容。

　　儒家的创始人是春秋末期的孔丘。他主张"复礼"、"正名"，就是恢复西周奴隶社会的典章制度和社会秩序，要人们一举一动按周礼的规定去做。孔丘死了以后，到了战国时代，孟轲继承和发挥了他的学说。他认为人的本性是善良的，所以统治者不能光用行政命令和刑罚去治理国家，而要实行"仁政"，讲究"礼仪"，要靠道德感化和礼乐教育取得人们的信任和拥护；如果大家都按周礼的规定行事，君臣之间，父子之间，兄弟之间，人人讲礼，天下就太平了。

法家的学说同儒家完全相反。法家的代表人物是韩非，他反对儒家提倡的"礼"和"仁"，反对把社会拉回到西周去，认为那是行不通的。在他看来，社会的动乱是法制松弛造成的，所以他主张"法治"，即由政府颁布一定的法令和制度，不论高低贵贱，人人都得遵守，有功必赏，有罪必罚；即便是王公贵族犯法，也要同老百姓一样治罪。这样，人们有所畏惧和遵循，坏事就可以减少。除"法"以外，他还劝君主要讲"术"和"势"。所谓"术"，就是要有一套驾驭臣子的权术；"势"，是保持国君的权威和势力。这些都是为了加强君主集权。法家的学说代表了新兴地主阶级的利益，在当时是进步的。

道家的创始人是春秋末期的老聃，到了战国时代，庄周发挥了他的学说。道家的主张又同法家不同，他们反对烦琐苛刻的法令，认为这是天下不安定的根源，主张"无为而治"，要统治者满足现状，不要有所作为，一切听其自然。在他们看来，"小国寡民"(国土小，人口少)的原始社会生活是最美好的，那里没有压迫剥削，不打仗，也没有文明，人们处于"自然"状态，过着简朴的生活，一辈子不相往来。道家的学说比儒家还要保守。

墨家又有另外的看法。墨家的创始人是那位墨翟。他认为社会之所以动乱，是由于人们不相爱，所以他提出"兼爱"和"非攻"的主张，反对损害别人，反对侵略战争，要人们不分亲疏远近地爱一切人。他认为如果大家都做到这一点，就不会有各种罪恶发生。他还要求任用贤人，使"饥者得食，寒者得衣，劳者得息"。墨家是当时庶民的代言人。他们的主张简直是一种空想，当时也是不可能实行的。

这些形形色色的学派都自认为自己的主张是正确的，是富国利民的良方，希望得到统治者采用。所以都不遗余力地宣传自己的学说，同时攻击和否定别的学派。相互之间争论得不可开交。比如儒家认为"孝悌"是实现"仁"的根本，一个人如果孝顺父母，敬爱兄长，就不会"犯上作乱"，干出反对君主的事情来。为了表示孝心，父母死了，儿子要按照周礼给以厚葬。不仅要举办隆重的葬礼，还要哭得死去活来，还要守三年孝。守孝期间，不能改变父亲的规矩，不能出远门等等，这才算尽了孝心，才符合周礼的要求。墨家反对这一套，主张"薄葬"，只要给死者穿上适时的衣服就行了，用不着里三层外三层的穿裹；棺材只用桐木板做就行了，不必用贵重木材；守孝也不必用三年。再比如儒家把"忠"与"孝"联系起来，认为对父母孝敬的人才能对君主忠心耿耿。对此，法家又提出异议，认为两者是矛盾的。韩非就举出一个故事来证明：一个鲁国人跟着国君去打仗，参加三次战斗三次都当了逃兵。孔丘问他为什么开小差，他说："我家里有年老的父亲，我要是战死了，就没人养活他了。"孔丘认为这个人是个大孝子，推荐他做了官。韩非反问道："为了孝顺父亲竟然违背国君的命令，对父亲来说虽然算得上孝子，对国君来说不正是逆臣吗?"因此，韩非认为，儒家鼓吹的忠孝仁义是祸国殃民的，只有实行"法治"，才能使国家富强起来。

　　各家为了扩大自己学说的影响，都纷纷著书立说。但是当时还没有发明纸和印刷术，字写在竹木简上，书写非常不便，更不可能大量出版书籍，所以进行游说和讲学就成为一种重要的宣传途径。而讲学就得有讲坛。战国初期，齐国在国都临淄西城门--稷下就专门建立了学宫，设有很大的讲坛，供来自各国的学者讲学。到了齐宣王时候，进一步扩建学宫，里面可以容纳几千学士，据说到缗王时候甚至可以容纳几万人。齐国对于这些学士，都给以大夫的食禄待遇，尊他们为"列大夫"。各家都争先恐后地到齐国讲学，稷下成了当时思想文化交流的中心。从这里我们可以想象那时候百家争鸣、学术繁荣的盛况。

　　当然，任何一种学说，不管人们把它讲得多么娓娓动听，多么振振有词，最后都要经过社会实践的检验，要看当时能不能行得通，是不是推动了社会前进。法家学说适应了社会发展的要求，当时是最得势的。魏、楚、秦等国都先后推行过法家的路线。秦国实行商鞅的变法，贯彻法家路线最坚决、彻底，结果从一个落后的部落发展成为当时最强大的国

270

家，最后统一了中原。但是法家的"法治"又赤裸裸暴露了统治者压迫剥削农民的残酷性，很容易激化统治阶级与农民阶级的矛盾，所以秦王朝统治不过十几年，就被农民起义的烈火吞噬了。继起的汉朝统治者吸取了这个教训，认识到光靠"严刑苛法"是不能巩固自己的统治的，于是，又改为提倡道家的"黄老之学"，用"无为而治"的办法来缓和矛盾，休养生息，发展生产。后来他们又把儒家的思想拿来，加以改造，用"忠孝仁义"作为统治人民的思想武器，开始了"独尊儒术"的局面。以后，孔孟之道支配了中国封建社会两千年的历史，对中国的文化起了很大的影响。

动荡 불안정하다 松弛 느슨해지다, 느슨함 不可开交 해결할 수 없다
娓娓动听 귀가 솔깃하도록 흥미진진하다 振振有词 당당하게 말하다

150 中国人与酱缸

　　刚才主席讲，今天我能和各位见面，是"松社"的荣幸，实际上，却是我的荣幸。非常感谢他们，使我离开祖国这么远的地方，和各位见面，请各位指教。本来主席和'新士杂志'社长陈某某先生告诉我，这是一个座谈会，所以我非常高兴愿意出席，直到昨天从波士顿回来，才发现这是一个演讲会，使我惶恐；因为纽约是世界第一大都市，藏龙卧虎。我仅仅将个人感受到的，以及我自己的意见，报告出来。这只是发表我自己的意见，而不是一种结论，请各位指教，并且交换我们的看法。今天主席给我的题目是"中国人与酱缸"，如果这是一个学术讨论会，我们就要先提出来，什么是中国人？什么是酱缸？我想我不再提出来了，因为这是一个画蛇添足的事情。世界上往往有一种现象是：人人都知道的事，如果把它加一个定义的话，这事的内容和形式却模糊了，反而不容易了解真相，在这种情况之下，讨论不容易开始。

　　记得一个故事，一个人问一位得道的高僧说："佛教认为人是有轮回转生的。我现在的生命既是上辈子的转生，我能不能知道我上辈子是个什么样的人？既是下辈子又要转生，能不能告诉我下辈子又会转生什么样的人？"这位得道高僧告诉他四句话. "欲知前世因, 今生受者是;欲知后世果, 今生做者是。"假定你这辈子过的是很快乐的生活, 你前辈子一定是个正直宽厚的人。假定你这辈子有无穷的灾难, 这说明你上辈子一定做了恶事。这个故事给我们很大的启示。在座的先生小姐, 如果是佛教徒的话, 一定很容易接受, 如果不是佛教徒的话, 当然不认为有前生后世, 但请你在哲理上观察这段答问。

我的意思是, 这故事使我们联想到中国文化。在座各位, 不管是哪一个国籍的人, 大多数都有中国血统, 这个血统不是任何方法可以改变的。不高兴是如此, 高兴也是如此。我们所指的中国人是广义的, 并不专指某一个特定地区, 而只指血统。

中国人近两百年来, 一直有个盼望, 盼望我们的国家强大, 盼望我们的民族成为世界上最优秀的民族。但是, 多少年以来, 我们一直衰弱, 我们一直受到外人的歧视, 原因在什么地方?当然我们自己要负责任。但是, 从文化上追寻的话, 就会想到刚才所说的那个故事, 为什么我们到今天, 国家还不强大?人民还受这么多灾难?从无权无势的小民, 到有权有势的权贵, 大家方向都是一样的, 都有相同的深切盼望, 也有相同的深切沮丧。

我记得小时候, 老师向我们说:"国家的希望在你们身上。"但是我们现在呢?轮到向青年一代说了:"你们是国家未来的希望。"这样一代一代把责任推下去, 推到什么时候?海外的中国人，对这个问题更加敏感，也盼望得更为殷勤。今天我们国家遭到这样的苦难，除了我们自己未能尽到责任以外，传统文化给我们的包袱是很沉重的，这正是所谓前生因，今世果。

前天我在波士顿博物馆，看到里面陈列着我们祖母时代的缠足的鞋子。我亲身的经验是，像我这样年纪的妇女，在她们那时候都是缠足的，现在你们年轻人听来简直难以想象。为什么我们文化之中，会产生这种残酷的东西？竟有半数的中国人受到这种迫害，把双脚裹成残废，甚至骨折，皮肉腐烂，不能行动。而在我们历史上，竟长达一千年之久。我们文化之中，竟有这种野蛮部分？而更允许它保留这么长的时间，没有人说它违背自然，有害健康，反而大多数男人还认为缠小脚是值得赞美的。而对男人的迫害呢？就是宦官。根据历史记载，宋王朝以前，但凡有钱有权人家，都可自己阉割奴仆。这种事情一直到十一世纪，也就是宋王朝开始后，才被禁止。这种情形，正说明我们文化里有许多不合理性的成份。而在整个历史发展的过程中，不合理性的成份，已到了不能控制的程度。

任何一个民族的文化，都像长江大河，滔滔不绝地流下去，但因为时间久了，长江大河里的许多污秽肮脏的东西，像死鱼、死猫、死耗子，开始沉淀，使这个水不能流动，变成一潭死水，愈沉愈多，愈久愈腐，就成了一个酱缸，一个污泥坑，发酸发臭。

说到酱缸，也许年轻朋友不能了解。我是生长在北方的，我们家乡就有很多这种东西，我不能确切知道它是用什么原料做的，但各位在中国饭馆吃烤鸭的那种作料就是酱。酱是不畅通的，不像黄河之水天上来那样澎湃。

由于死水不畅，再加上蒸发，使沉淀的浓度加重加厚。我们的文化，我们的所谓前生因，就是这样。

中国文化中最能代表这种特色的是"官场"。过去知识分子读书的目的，就在做官。这个看不见摸不着的"场"是由科举制度形成，一旦读书人进入官场之后，就与民间成为对立状态。那个制度之下的读书人，唯一的追求标的，就是做官，所谓书中自有颜如玉，书中自有黄金屋。读书可以做官，做了官就有美女和金钱。从前人说：行行出状元，其实除了读书人里有状元，其他人仍是不值一文的工匠。那时候对其他阶层的人，有很多限制，不能穿某种衣服，不能乘某种车子。封建社会一切都以做官的人的利益为前提。封建社会控制中国这么久，发生这么大的影响和力量，在经济上的变化比较小，在政治上却使我们长期处在酱缸文化之中，特征之一就是以官的标准为标准，以官的利益为利益，因而变成一种一切标的指向"政治挂帅"。使我们的酱缸文化更加深、更加浓。

在这种长期酱在缸底的情形下，使我们中国人变得自私、猜忌。我虽然来美国只是短期旅行，但就我所看到的现象，觉得美国人比较友善，比较快乐，经常有笑容。我曾在中国朋友家里看到他们的孩子，虽然很快乐，却很少笑，是不是我们中国人面部肌肉构造不一样?还是我们这个民族太阴沉?

由于民族的缺乏朝气，我们有没有想到，造成这样的性格，我们自己应该负起责人?中国人的人际之间，互相倾轧，绝不合作。这使我想起了一个日本侦探长训练他的探员，要求他属下看到每一个人，都要怀疑他是不是盗贼?这种心理状态用于训练刑事警察是好的，但是中国人心里却普遍地有这种类似情况: 对方是不是想从我这里得到什么好处?形成彼此间的疑惧，这种疑惧使中国人变成一盘散沙。

我们是这样大的一个国家，有资源，有人口，八亿或者十亿，能够同心协力的话，我们在亚洲的情况，那里会不及日本?

由于长期的专制封建社会制度的斫丧，中国人在这个酱缸里酱得太久，我们的思想和判断，以及视野，都受酱缸的污染，跳不出酱缸的范围，年代久远下来，使我们多数人丧失了分辨是非的能力，缺乏道德的勇气，一切事情只凭情绪和直觉反应，而再不能思考。一切行为价值，都以酱缸里的道德标准和政治标准为标准。因此，没有是非曲直，没有对错黑白。在这样的环境里，对事物的认识，很少去进一步的了解分析。在长久的因循敷衍下，终于来了一次总的报应，那就是"鸦片战争"。

鸦片战争是外来文化横的切入，对中国人来说，固然是

276

一次"国耻纪念"，但从另一角度看，也未尝不是一次大的觉醒。日本对一些事情的观察，跟我们似乎不同。十八世纪时，美国曾经击沉了日本两条船，使日本打开门户，日本人认为这件事给他们很大的益处，他们把一种耻辱，当做一种精神的激发。

事实上，我们应该感谢鸦片战争，如果没有鸦片战争，现在会是一种什么情况?至少在座的各位，说不定顶上还留着一根辫子，女人还缠着小脚，大家还穿着长袍马褂，陆上坐两个小轿，水上乘小舢板。如果鸦片战争提早三百年前发生，也许中国改变得更早一些，再往前推到一千年前发生的话，整个历史就会完全不一样。所以我认为这个"国耻纪念"，实际上是对我们酱缸文化的强大冲击，没有这一次冲击，中国人还一直深深地酱在酱缸底层，最后可能将窒息而死。

鸦片战争是一个外来文化横的切入，这使我们想到，在中国历史上，清王朝是个最好的时代，如果鸦片战争发生在明王朝的话，中国会承受不住，情形将大不一样。西方现代化的文明，对古老的中国来说，应该是越早切入越好。这个大的冲击，无疑是对历史和文化的严厉挑战，它为我们带来了新的物质文明，也为我们带来了新的精神文明。

所谓物质文明，像西方现代化的飞机、大炮、汽车、地下铁等等，我们中国人忽然看到外面有这样的新世界，有那么多东西和我们不一样，使我们对物质文明重新有一种认识。

再说到精神文明，西方的政治思想、学术思想，也给我们许多新的观念和启示。过去我们不知道有民主、自由、人权、法治，这一切都是从西方移植过来的产品。

以前中国人虽有一句话，说"人命关天"，其实，人命关不关天，看发生在谁的身上。如果说发生在我身上，我要打死一个人的话，当然关天。但如果凶手是有权势的人，人命又算得什么？所以还是要看这关系到谁的问题。古圣人还有一句话，说"民为贵，君为轻"，这不过是一种理想，在中国从没有实现过。以前的封建时代，一个王朝完了，换另一个王朝，制度并没有改变。把前朝推翻，建立了新朝，唯一表示它不同于旧王朝的，就是烧房子，把前朝盖的皇宫宝殿烧掉，自己再造新的，以示和前朝不同。他们烧前朝房子的理由，是说前朝行的是暴政，自己行的是仁政，所以"仁政"要烧"暴政"的房子。如此一代一代下来，并不能在政治思想上有任何新的建树，而只以烧房子来表示不同。这使我们中国这个古老的国家，几千年竟没有留下来几栋古老建筑。

中华民族是世界上最伟大的民族之一，当然，我们在感情上也不得不这样认为，否则就难以活下去了。但世界上还有另一个伟大的民族，就是盎格鲁撒克逊。这个民族为世界文明建立了钢架，像他们的议会制度、选举制度，和司法独立、司法陪审制度等等，为人类社会，建立了一个良好结构，这是它对文明所做出的最大贡献，也是西方社会能够在政治上走向合理公平的原因之一。无论如何，再浪费的选举，总比杀人如山、血流成河要好。对于西方一些好的东西，我们必须有接受的勇气。有人说西方的选举不是选举人才，是在选举钱，而这种钱不是一般人所可以负担得起的，即使这样，浪费金钱，也比浪费人头要好。

一切好的东西，都要靠我们自己争取，不会像上帝伊甸园一样，什么都已经安排好了。中国人因为长期生活在酱缸之中，日子久了，自然产生一种苟且心理，一面是自大炫耀，另一面又是自卑自私。记得以前看过一部电影，忘记了影片的名字，一个贵夫人，她某一面是美丽、华贵、被人崇拜，另一面却是荒淫、无耻、下流，她不能把这双重人格统一起来，后来心理医生终于使她面对现实，她只好自杀。我们检讨自己病历的时候，是不是敢面对现实?用健康的心理，来处理我们自己的毛病?

我们应该学会反省，中国人往往不习惯于理智反省。例如夫妻吵架，丈夫对太太说，你对我不好。太太把菜往桌上一掼，说:"我怎么对你不好?我对你不好，还做菜给你吃?"这动作就是一种不友善的表示，这样的反省，还不如不反省。

自从西方文化切入以后，中国在政治思想上固然起了变化，在道德观念上也起了变化。以前，丈夫打老婆是家常便饭，现在你要打一下，试试看!年轻朋友很幸运的是，传统之中一些堕落的文化，已被淘汰了不少，不但在政治上道德上如此，在所有文化领域中，如艺术、诗歌、文学、戏剧、舞蹈，都起了变化和受到影响。

一说起西洋文化、西洋文明，准有人扣帽子，说"崇洋媚外"。我认为崇洋有什么不可以?人家的礼义确实好过我们的粗野，人家的枪炮确实好过我们的弓箭。如果朋友之中，学问道德种种比自己好，为什么不可以崇拜他?中国人没有赞美别人的勇气，却有打击别人的勇气。由于我们的酱缸文化博大精深，遂使中国人"桔逾淮则枳"。桔子在原来的地方种植生长出来，又大又甜，但移植到另一个地方去，却变成又小又酸了，这是水土不服。我有一位朋友，他就是在我坐牢的十年中，一直营救我的孙观汉先生，他曾将山东省大白菜种子，带到壁斯堡来种，但种出来的菜，完全不是原来的样子。

　　可是日本人就有一种本事，学什么，像什么，而中国人却学什么，不像什么。日本人这种精神了不起，他们可以学人家的优点，学得一模一样。中国人只会找出借口，用"不合国情"做挡箭牌，使我们有很好的拒绝理由。甲午战前，日本人到中国海军参观，看见我们的士兵把衣服晒在大炮上面，就确定这种军队不能作战。我们根本不打算建立现代化观念，把一切我们不想做的事，包括把晒在大炮上的衣服拿开，也都推说"不合国情"。

　　像台北的交通问题，原是最简单不过的事，多少年来，却一直解决不了。我想如果对违规的人施以"重罚"，几次下来也就好了。但有人提出来应该要教导他们"礼让"，认为礼让才适合我们国情。我们已经礼让得太久了，被坑得太深了，还要再礼让到什么时候?我们设了一个行人穿越马路时的'班马线'，'班马线'本来是保护行人的，结果很多人葬身在'班马线'上。我有个朋友在台北开车时横冲直撞，到美国来后常常接到罚单，罚得他头昏眼花，不得不提高注意。就像交通规则，这么简单的事，中国也有，可是立刻扭曲。一说起别国的长处，就有人号叫说'崇洋媚外'。事实上，美国、法国、英国、日本，他们有好的，我们就应该学。他们不好的，就不应该学，就是这么简单明了!

有位美国人写过一本书《日本能?为什么我们不能?》，并没有人说这位教授崇洋媚外。由此可知，酱缸文化太深太浓，已使中国人丧失了消化吸收的能力，只一味沉湎在自己的情绪之中。一位朋友开车时往往突然地按一下喇叭，我问他为什么?他开玩笑说:"表示我不忘本呀!"我们希望我们有充足的智慧认清我们的缺点，产生思考的一代，能够有判断和辨别是非的能力，才能使我们的酱缸变淡、变薄，甚至变成一坛清水，或一片汪洋。

中国人非常情绪化，主观理念很强，对事情的认识总是以我们所看见的表象做为判断标准。我们要养成看事情全面的、整体的概念。很多事情从各个不同的角度发掘，就比从一个角度探讨要完全。两点之间的直线最短，这是物理学上的; 在人生历程上，最短距离往往是曲线的。所以成为一个够格的鉴赏家，应是我们追求的目标。有鉴赏能力的社会，才能提高人们对事物好坏的分辨。以前我曾看见过老戏剧家姜妙香的表演，他已经六十多岁了，脸上皱纹纵横，简直不堪入目。可是，这对他艺术的成就，没有影响。当他唱'小放牛'的时候，你完全忘了他苍老的形象。大家有鉴赏分辨的能力之后，邪恶才会敛迹。好像我柏杨的画和梵谷的画放在一起，没有人能够分别，反而说："柏杨的画和梵谷的画一样!"那么，真正的艺术家会受到很大的打击，社会上也就永远没有够水准的艺术作品。

中国虽然是个大国，但中国人包容的胸襟不够，心眼很小。前天我在甘乃迪机场搭飞机，在飞机上小睡了一个钟头，醒来后飞机仍没有开，打听之下，才知道他们在闹罢工。我惊异地发现，旅客秩序很好，大家谈笑自如，这如果发生在我们国家，情形可能就不一样了。旅客准跑去争吵："怎么还不起飞?怎么样?难道吃不饱?闹什么罢工?罢工你还卖票?"他们是从另一个角度看: 如果我是领航员，说不定我也参加罢工。从这里面也可以看见所谓大国民的气度，美国这个国家的包容性很大，它不但包容这么多肤色和种族，还包容了不同的语言和不同的风俗习惯，甚至包容了我们中国人的粗野。

这种风度说明一个大国的包容性，像雷根和卡特在电视上辩论的时候，彼此之间各人发表政见，并没有做出粗野攻击。雷根并没说，你做了几年总统，只知道任用私人!卡特也没有说，你没有从政经验，这个国家你治理得好呀?双方都表现了极好的风度，这就是高度的民主品质。

我对政治没有兴趣，也不特别鼓励大家都参与政治，但如果有兴趣参与，就应该参与，因为政治是太重要了。不管你是干什么的，一条法律颁布下来，不但金钱没有保障，连自由、生命也没有保障。

但我们不必人人参与，只要有鉴赏的能力，也是一样。这种鉴赏，不但在政治、文学、艺术上，即使是绘画吧，鉴赏的水准也决定一切。那些不够格的，像我柏杨，就得藏拙，只敢偷偷地画，不敢拿出来，否则别人一眼看出来高下，会说："你这是画什么玩意儿？怎么还敢叫人看？"有了真正鉴赏的能力，社会上才有好坏标准，才不至于什么事都可打个马虎眼儿，大家胡混，酱在那里，清浊不分，高下不分，阻碍我们的发展和进步。

我的这些意见，是我个人的感想，提出来和大家讨论，还请各位指教，并且非常感谢各位。

참고문헌

- 讀史拾趣, 中華地圖學社, 濟南, 1992
- 羅蘭小語, 海天出版社, 深圳, 1990
- 萬事溯源奇趣, 青島出版社, 2008
- 名人趣聞365, 國際文化出版公司, 1991
- 世界文化之謎, 文匯出版社, 1989
- 于丹《論語》感悟, 北京聯合出版公司, 2016
- 于丹《論語》心得, 中華書局, 2012
- 이솝우화
- 莊子故事, 中華書局, 2012
- 中國古代寓言故事, 吉林出版集團有限責任公司, 2009
- 中國古代智慧故事選, 復旦大學出版社, 1992
- 中國民俗故事, 安徽文藝出版社, 2006
- 《中國成語故事》吉林出版集團有限責任公司, 2010
- 中國歷史故事, 中國少年兒童出版社, 1979
- 中華忠孝故事, 中華書局, 2012
- 中華學習故事, 中華書局, 2012
- 醜陋的中國人, 林白出版社, 1985

| 편저자 소개 |

이종구

한국외국어대 중국어과 졸업
臺灣 高雄師範大 중국문학 석사
중국 復旦大學 漢語史전공 박사
백석대 어문학부 중국어전공 전임교수
담당과목: 중국어문법, 중국어작문, 중국어학개론 등 강의

저서
《중국어를 말하다》,《중국어학개론》,《101文 중국어 글쓰기》,
《흥미로운 중국어 글쓰기》

논문
〈異體字 '闇'字에 관한 小考〉, 〈대조를 통해 본 《中原音韻》음과
明代官話音의 관계〉 등 중국 어음관련 논문 다수

HSK 대비
중국어문장모음

2020. 11. 10. 1판 1쇄 인쇄
2020. 11. 20. 1판 1쇄 발행

편저자 이종구
펴낸이 김미화 펴낸곳 인터북스
주소 경기도 고양시 덕양구 통일로 140 삼송테크노밸리 A동 B224
전화 02.356.9903 팩스 02.6959.8234
이메일 interbooks@naver.com 홈페이지 www.hakgobang.co.kr
출판등록 제2008-000040호
ISBN 978-89-94138-71-8 93720   정가 16,000원